诸葛亮说三十六计

北海有渔 著

黄山书社

图书在版编目（CIP）数据

诸葛亮说三十六计 / 北海有渔著. -- 合肥 : 黄山
书社, 2022.11

ISBN 978-7-5737-0339-2

Ⅰ. ①诸… Ⅱ. ①北… Ⅲ. ①诸葛亮（181-234）—
谋略—研究 Ⅳ. ①K827=362

中国版本图书馆CIP数据核字（2022）第196735号

诸葛亮说三十六计

北海有渔　著

ZHUGE LIANG SHUO SANSHILIU JI

出 品 人　贾兴权

责任编辑　高　杨

责任印制　李　磊

装帧设计　有品堂 _ 刘　俊　张俊香

出版发行　黄山书社（http://www.hspress.cn）

地址邮编　安徽省合肥市蜀山区翡翠路 1118 号出版传媒广场 7 层　　230071

印　　刷　安徽新华印刷股份有限公司

版　　次　2023 年 3 月第 1 版

印　　次　2023 年 3 月第 1 次印刷

开　　本　880mm×1230mm　1/32

字　　数　150 千字

印　　张　8.75

书　　号　ISBN 978-7-5737-0339-2

定　　价　59.00 元

服务热线　0551-63533706

销售热线　0551-63533761

官方直营书店（https://hsss.tmall.com）

目录

自序

《三十六计》是一部兵家奇书。

一方面，其内容不同于其他兵书，不是讲一般的军事理论和用兵原则，而是通过一条条具体的计策，讲在何种情形下通过何种方式能够取得胜利，共讲了三十六种情形和方式的组合，是为三十六计。从结构和内容来看，《三十六计》中的每一计都包括"计名""解语""按语"三个部分。"计名"就是计策的名称，大部分为四字成语，最后六计是三字计名，如第二计的名称为"围魏救赵"，第三十五计的名称为"连环计"。"解语"则是根据《易经》，对每一计所包含的易理进行解释，语义非常晦涩、深奥，如第一计"瞒天过海"的解语为"备周则意怠，常见则不疑。阴在阳之内，不在阳之对。太阳，太阴"。"按语"则是结合军事理论及具体战例，对"解语"以及该计的含义、要点等作进一步延伸和阐述，如第五计"趁火打劫"的按语为"敌害在内，则劫其地；敌害在外，则劫其民；内外交害，则劫其国。如越王乘吴国内蟹稻不遗种而谋攻之，后卒乘吴北会诸侯于黄池之际，国内空虚，因而捣之，大获全胜"。

另一方面，其成书年代和作者不详。《三十六计》最早发现于 20 世纪 40 年代，但书上未写明作者。此前的典籍中对此书从未有过记载，只有《南齐书·王敬则传》曾写道："檀公三十六策，走是上计，汝父子唯应急走耳。"有人据此推断《三十六计》的作者是南朝宋名将檀道济。但从《三十六计》的计名和按语来看，很多内容晚于檀道济所在的时代，比如第一计计名"瞒天过海"是元代话本《薛仁贵征辽事略》中的典故，一些计策按语中还引用了隋唐乃至宋代的例子，因此如今传世《三十六计》

的作者显然不可能是檀道济；又有人推测，《三十六计》的解语作者为檀道济，而计名和按语是后人加上的；也有人猜测，檀道济的"三十六计"并未传世，仅遗留"三十六计""走为上计"之名，后人凭自己的理解和附会，写成了《三十六计》；还有人说，所谓"檀公三十六策"，只是形容檀道济善于用兵，实际上檀道济并未写过《三十六计》之类的著作。总之，如果没有新发现的证据，《三十六计》的成书年代及作者将成为永远的谜团。

基于对《三十六计》及军事、历史的浓厚兴趣，笔者曾于 2018 年年底出版了《论鉴三十六计》一书，在对三十六计进行评析的基础上，尝试提出每一计的应对之策。出版以来，得到了不少专家、读者和朋友的鼓励。在该书的写作过程中，作为一个"三国迷"，笔者惊喜地发现，三十六计的应用及应对，在《三国演义》中均能够找到大量与之对应的例子，如果能将《三国演义》和《三十六计》结合起来，既能以一种通俗易懂、事半功倍的方式阐释和解读三十六计，又能让人们对这两部中华古典名著有更加立体、丰富、深入的认识，因此便萌生了试着撰写这部书稿的想法。

如何将两书融合在一起，笔者在构思时颇费了一番脑筋。如果以对《三十六计》进行评析解读外加列举《三国演义》战例的形式，总感觉融合得不够，并且与《论鉴三十六计》在体例和内容上也不免有些重复。后来翻阅《三国演义》，看到"刘玄德三顾茅庐、诸葛亮作隆中对"一节，猛然想到，既然诸葛亮为刘备分析天下形势，定三分之决策，为什么不继续借诸葛亮之口，为刘备讲解三十六计呢，兵书《六韬》《李卫公问对》不就是以君臣问答的形式来阐述兵法的吗？想到此节，顿有豁然开朗之感。但再细想，刘备故世比诸葛亮早了十几年，若以刘备与诸葛亮之间的问答来阐述三十六计，则诸葛亮南征孟获、北伐中原时的大量战例将无法引用，未免可惜，若是改为刘禅与诸葛亮之间的问答，则诸葛亮六出祁山之前的战例均可使用，保存了《三国演义》中的绝大部分经典战例。至于后主刘禅，虽然民间流传其为"扶不起的阿斗"，但是在正史中，他实际是个温和灵透的人。《三国志·后主传》评价刘禅曰："后主任贤相则为循理之君，惑阉竖则为昏暗之后，传曰'素丝无常，唯所染之'，信矣哉！"刘禅就像一缕白丝一样，染成什么颜色就是什么颜色，如果一直得到诸葛亮的教导和辅佐，还是能成长为一名贤明循理的皇帝的。同时，由刘禅与诸葛亮进行问答，刘禅以一名晚辈、学生的身份向诸葛亮请教，问的问题可深可浅，也有利于诸葛亮更全面地阐释三十六计。

想明白了融合的方式，下一步需要构思的是如何让《三十六计》来到刘禅和诸葛亮手中。受益于近年来流行的穿越题材，这一节倒不难设计。《三十六计》的手抄本于1941年在陕西彬县被发现，并于同年交成都兴华印刷厂初次印刷。基于地点的巧合，笔者原本构思成都兴华印刷厂原址为蜀汉皇宫，在印刷时因为机缘巧合形成了一个连通时空的"虫洞"，一本印好的《三十六计》恰好掉入"虫洞"，回到了刘禅时代的蜀汉皇宫。但仔细考虑后，发现这一设计不妥，因为《三十六计》一些按语里有大量三国之后的战例，甚至还有三国时期诸葛亮去世后的内容，比如第二十七计"假痴不癫"的按语里引用了"司马懿诈病赚曹爽"的例子，第二十一计"金蝉脱壳"的按语中更是引用了诸葛亮病逝军中，姜维、杨仪用计退兵的例子，如果《三十六计》全书完整地穿越回蜀汉时期，让刘禅和诸葛亮看到了未来，显然不合适。如上所言，《三十六计》分为"计名""解语""按语"三个部分，其中按语里有大量自春秋至唐宋的战例，而解语主要是解释每一计中所包含的义理，无关年代；同时，关于《三十六计》的成书，前面讲过有人认为其解语为檀道济所作，按语是后人所作，这里正可借用这一观点，将穿越情节设计成檀道济所作的只有计名、解语的《三十六计》，经由"虫洞"穿越回蜀汉时期。

按照上述构思，笔者着手本书的写作，结合正史《南史·檀道济传》和小说《三国演义》，讲述了一个完整的穿越故事：元嘉十三年（436年）春，刘宋彭城王刘义康意图除掉檀道济，矫诏宣其入朝。檀道济奉旨进京，原想借此机会把近来自己新著的

一部《三十六计》献给朝廷，不料一到建康就被逮
捕。檀道济被抓时勃然大怒，把怀中的《三十六计》
投入身边一口深井之中，道："朝廷不明如此，此
书留之何用！"不久，檀道济在建康被处死，恰巧
当天建康发生地震（此为正史所载，并非杜撰），
机缘巧合之下，在檀道济投书的井中形成了一个连
通时空的"虫洞"，这本《三十六计》通过"虫洞"，
穿越回了蜀汉建兴十二年（234年）正月的蜀汉皇
宫。宫人发现这本书后，将其呈给了刘禅，刘禅又
向诸葛亮请教，诸葛亮便结合古今战例，为刘禅逐
计作了讲解。讲完不久，诸葛亮上表北伐，六出祁
山，怎奈天不假年，病逝于五丈原军中，临终前，
诸葛亮将自己毕生所著和《三十六计》传于姜维。
后来，刘禅惑于宦官奸臣，将诸葛亮的嘱托抛在一
旁，《三十六计》早被藏于大内、束之高阁。钟会、
邓艾灭蜀时，这部《三十六计》随之失传，湮没于
历史之中。

　　本书的主体，即诸葛亮为刘禅讲解《三十六计》
部分，主要结合《三国演义》中的战例，少量引用

春秋战国至秦汉的战例，对每一计的含义、用法、注意事项等进行提问和回答。同时，考虑到人物身份，为增加可读性，为刘禅设计了一些稍显青涩、幼稚、不自信的对白，而让诸葛亮在讲解三十六计的同时，还不忘时时给刘禅灌输亲贤臣、远小人，戒享乐、兴汉室的大道理。此外，借刘禅和诸葛亮君臣二人之口，对三国中的一些人物和事件，也发表一点看法和观点。本书的创作灵感来源于诸葛亮的隆中对，而本书中讲授三十六计的主人公亦为诸葛亮，故将本书书名定为《诸葛亮说三十六计》。同时，考虑到本书刘禅与诸葛亮的对话中讨论了很多关于北伐兴汉的话题，特将笔者此前所写的一篇文章《再读〈出师表〉》附后，以对二人对话的大背景作进一步描述。

本书创作得到了戴敦邦老先生的大力支持。戴老是当代人物画大家，画风传承中国传统文化与美学精神，用笔精到，浓墨重彩，雅俗共赏。多年来，戴老笔下的古典题材及古装人物成为一代代艺术爱好者心中的经典，特别是戴老创作的水浒人物画稿，成为央视版《水浒传》人物造型设计的蓝本，家喻户晓，影响深远。有感于后生晚辈传播中华传统文化的诚心，戴老慨然以其三国画作为本书配图，使本书图文并茂、增添光彩，让读者在阅读三国故事、品味三十六计的同时，更能身临其境地感受那个时代的刀光剑影、驰骋纵横。在此，对戴老的鼓励和支持，致以衷心的感谢！同时，对戴老多年来致力于弘扬中华传统文化的初心与奉献，致以崇高的敬意！

总之，这部作品是一次脑洞大开的尝试，不足之处，请读者朋友们批评指正。

北海有渔

二〇二二年于北京

引子

元嘉十三年（436年）春，宋文帝刘义隆身患重病，彭城王刘义康担心名将檀道济在刘义隆死后谋反，便伪造皇帝诏书召檀道济入朝。临行前，妻子劝檀道济："震世功名，必遭人忌，古来如此。朝廷今无事相召，恐有大祸！"檀道济说："我率师抵御外寇，镇守边境，从没有辜负国家，国家又怎么会辜负我呢？"于是不听妻子劝告，奉旨赴朝。

檀道济此次进京，原想借此机会，把近来自己所著的一部兵书《三十六计》献给朝廷，以助朝廷克复中原。不料一到建康，就被廷尉逮捕。檀道济被抓时，勃然大怒，狠狠地抓下头巾摔在地上，道："乃复坏汝万里之长城！"又把怀中那部《三十六计》愤然投入身边一口深井之中，悲呼："朝廷不明如此，此书留之何用！"

不久，其年四月初九，檀道济与其子十一人，及薛彤、高进之等亲信将领都在建康被处死。檀道济被冤杀的当天，建康地震，地上生出许多白毛，时有民谣流传："可怜白符鸠，枉杀檀江州。"白符鸠乃古代舞曲，三国时吴人曾借此表达对吴后主孙皓残暴统治的不满。唐时，诗人刘禹锡路过檀道济故迹，曾作诗曰：

万里长城坏，

荒营野草秋。

秣陵多士女，

犹唱白符鸠。

且说檀道济被杀当天，建康发生地震，机缘巧合之下，竟在檀道济投书的井中形成了一个连通时空的"虫洞"[1]，瞬间将这本《三十六计》吞没。而这本《三十六计》，顺着井中的"虫洞"，竟一路回到了200多年前。

建兴十二年（234年）正月的一天，蜀汉皇宫中的一口井里，突然射出一道光芒，随即消失。宫监们把水桶放下去，从井中捞出一本湿淋淋的纸册。有宫监识字，只见封面上写着"三十六计"四个字。众人不敢隐瞒，便将纸册呈于蜀主刘禅。刘禅翻了几页，只觉晦涩难懂，便命人请丞相诸葛亮前来商议。

其时诸葛亮已经五出祁山，正在厉兵秣马，准备再次北伐。奉诏来到皇宫，听宫监讲述完情况后，诸葛亮将纸册接过，粗粗看了一遍，向刘禅道："陛下，这是一部兵书，共有三十六条计策，讲的是如何运用谋略克敌制胜。"

1."虫洞"又被称作"爱因斯坦－罗森桥"，是1930年由爱因斯坦及纳森·罗森在研究动力场方程时假设的，认为宇宙中可能存在连接两个不同时空的狭窄隧道，即"虫洞"，物体通过"虫洞"可以在瞬间进行时空转移。

《三國》三十八回　定三分隆中決策　大夢誰先覺平生我自知草堂春睡足窗外日遲遲

丞相祠堂何處尋　錦官城外柏森森　映階碧草自春色　隔葉黃鸝空好音　三顧頻煩天下計　兩朝開濟老臣心　出師未捷身先死　長使英雄淚滿襟

杜甫

諸葛大名垂宇宙　宗臣遺像肅清高　三分割據紆籌策　萬古雲霄一羽毛　伯仲之間見伊呂　指揮若定失蕭曹　運移漢祚終難復　志決身殲軍務勞

杜甫

丙申年作三國人物圖　戊戌初夏丁昌海

诸葛亮像

刘禅道："书上写着著者为檀道济，相父知道这个人吗？"

诸葛亮道："恕臣孤陋寡闻。此人名不见经传，当世也从未听闻此人，其所著兵书却如此玄妙，可叹，可叹。"

刘禅道："且不管檀道济是谁了，相父能理解书中的奥妙吗？"

诸葛亮道："书中之计皆由《易经》推演而来，深得《孙子兵法》之精髓，博大精深。臣粗通兵法易理，若详加研究，可略解一二。"

刘禅喜道："相父若能解得此书，与朕讲讲如何？"

诸葛亮道："请陛下给臣数日时间，待臣略有心得，便与陛下探讨此书。"

数日后，诸葛亮携书进宫。

以下便是刘禅和诸葛亮围绕《三十六计》的诸条计策展开的对话。

瞒天过海

备周则意怠，常见则不疑。
阴在阳之内，不在阳之对。太阳，太阴。

防备周密的，容易麻痹松懈，对平时看习惯了的，就不会再产生怀疑。秘密常潜藏在公开的事物里，而不在公开的事物的对立面。公开到极致的事物里，却隐藏着最深的秘密。

刘　禅：相父，"瞒天过海"之计是教人如何伪装吗？

诸葛亮：不错，而且是最高明的伪装。

刘　禅：哦？高明在哪里？

诸葛亮：所谓"瞒天过海"，就是指通过利用对方常
　　　　见不疑、见怪不怪的假象，隐藏自己的真实
　　　　行动，也就是"寓真于假"。此计解语说"阴
　　　　在阳之内，不在阳之对。太阳，太阴"。在
　　　　看上去毫无秘密可言的事物里隐藏最深的秘
　　　　密，就是这一计的高明之处。陛下可听过荆
　　　　轲刺秦王的典故？

刘　禅：听过，好像是燕王派荆轲行刺秦王嬴政，荆
　　　　轲便把匕首藏在地图中，假装向秦王献地图，
　　　　结果等到地图快要全部展开时，从中抽出匕
　　　　首刺杀秦王，差一点就成功了。

诸葛亮：想要刺杀秦王的人那么多，唯独荆轲差一点
　　　　成功，就是凭借"瞒天过海"之计。弱国向
　　　　强国割地求和，进献地图，本来是情理之中
　　　　的事，而荆轲正是利用这一点，接近秦王，
　　　　才有了行刺的机会。说起来，高祖当年也差

一点被"瞒天过海"之计所害呢。

刘 禅：真的吗？相父快请讲。

诸葛亮：当年项羽请高祖赴鸿门宴，宴席之上，项羽
的谋士范增授意项庄起来舞剑，趁机刺杀高
祖。舞剑本是军中宴会上常见的节目，将刺
杀行动隐藏在舞剑之中，确实很高明。好在
樊哙将军及时识破了项庄的意图，挡在高祖
身前。项羽也没有真正要杀高祖的意思，高
祖才得以脱险。从此以后，就有了"项庄舞
剑，意在沛公"这个典故。

刘 禅：好险啊，这一计险些害了高祖。

诸葛亮："瞒天过海"之计其实是利用了人们的思维
惯性。对摆在面前的事，人们往往自以为看
得清清楚楚，因而不加怀疑，殊不知里面反
而可能隐藏着大的阴谋。有时敌人越是大摇
大摆向你走过来，越是难以发觉。当年官渡
之战中，曹操采纳了许攸的计策，前往乌巢
劫粮。一路上，曹军打着袁军旗号，谎称是
蒋奇奉袁绍之命到乌巢保护粮草，一路上骗

过多处袁军岗哨，畅通无阻到达乌巢，放火烧了乌巢的屯粮。咱们也曾吃过这一计的亏。当年吕蒙趁关羽将军北上攻打樊城之机，命东吴军中会水者扮作客商，泊于荆州江边。面对烽火台上守军盘问时，吴人答曰："我等皆是客商，因江中阻风，到此一避。"又将财物送与守台军士。军士被其瞒过，遂任吴军停泊在江边。结果到了晚上，船中精兵齐出，将烽火台上的守军全数擒住，使其无法举火示警，悄无声息乘夜袭取了荆州。

刘　禅：相父，这一计听起来就好像是演戏一般啊。

诸葛亮：不错，"瞒天过海"本就是在演戏，而且这一计对剧本和演技的要求非常高，不能犯违反情理和常识的错误，演员也不能穿帮，否则一旦被对方识破，就是自投罗网。当年孟获、孟优兄弟俩也在臣面前演过一出蹩脚的"瞒天过海"之戏。臣二纵孟获之后，孟优突然前来进献宝贝。臣一眼就看出，他们这是想以诈降的方式使我军放松警惕，在我军

营内安插伏兵，到时候孟获再带兵从外面杀来，里应外合。臣便将计就计，让人款待孟优一行，并在酒中下药，把他们灌醉，再留下一座空寨，周围布下伏兵。等到孟获闯入空寨，我军再四面杀出，又一次将孟获捉住。

刘　禅：相父是怎么识破他们的呢？

诸葛亮：难得孟获、孟优能想到用"瞒天过海"之计，只不过他们的剧本和演技实在是差劲。好端端地主动给我军送宝贝，无事献殷勤，显然有违常识；而且，孟优带来送礼物的一百多名随从都是青眼黑面、身长力大的猛士，足以一当十，送点小小的礼物却带这么多精兵，肯定是另有所图。使用"瞒天过海"关键就是要让对方见怪不怪，不加防备，你的行动明显违反常识，让对方一眼就产生了怀疑，怎么可能成功呢？

刘　禅：这两人不懂用计还乱用，真是四肢发达、头脑简单。

围魏救赵

共敌不如分敌，敌阳不如敌阴。

兵力集中的敌人不如兵力分散的敌人好对付，攻敌之实不如攻敌之虚。

刘　禅：相父，"围魏救赵"是一个历史典故吧？

诸葛亮：是的。战国时，魏国大将庞涓率军攻打赵国，包围了赵国都城邯郸。赵国向齐国求援，齐王便令田忌为将，孙膑为军师，率军援救赵国。田忌原想直逼邯郸，与魏军决战，孙膑却建议他攻打魏国首都大梁，因为魏国精兵都在庞涓手上，大梁防备空虚，如果受到威胁，庞涓必定回师救援，这样邯郸之围就解了。田忌依言而行，魏军果然从邯郸撤兵回援。齐军又于魏军的必经之地桂陵设下埋伏，大败魏军。

刘　禅：那万一庞涓不回军救大梁怎么办，邯郸不就危险了吗？

诸葛亮：这正是"围魏救赵"之计的高明之处。大梁是魏国君主的所在地，君主有难，臣子不来救援，是为不忠；大梁是魏军的大本营，因贪恋他国的土地而舍掉大本营，就会陷入进退失据的境地，是为不智。这样不忠不智的事，庞涓是不会做的。《孙子兵法》有言，

"攻其所必救"，只要攻击点选得准，就不怕对方不来救援。

刘　禅：如果敌人使出这一计，攻打我们不得不救援的地方，该如何应对？

诸葛亮：很难。除非敌人的攻击点选得不准，攻打的不是我们必须救援的地方，或者另有援兵前往救援，否则就算我们看出了敌人的战略意图，也不得不乖乖就范，被敌人牵着鼻子走。说起来，咱们还吃过这一计的大亏啊。当年关将军坐镇荆州，为应对曹军进逼之势，便率军攻打襄樊。先是打败曹仁攻取襄阳，后来又水淹七军生擒于禁，将樊城团团围住，一时威震华夏。不料此时曹操与孙权暗中勾结，使出"围魏救赵"之计，吴将吕蒙趁关将军主力围攻樊城之时，使用"瞒天过海"之计乘虚袭取荆州，关将军闻讯只得撤兵相救，结果路上被曹军和吴军前后夹攻，最后败走麦城，被东吴所害。

刘　禅：东吴袭取荆州，杀害二叔，最是可恨，早晚有一天朕要为二叔报仇雪恨！

诸葛亮：请陛下不要冲动，当年先帝为此怒而兴师，结果兵败猇亭。我们现在需要从这两件事上吸取教训。正是由于"围魏救赵"之计难以破解，所以应对的重点，不应该放在出现状况后的临时应变上，而要在出兵之前就做好准备，避免出现后院失火的被动局面。就拿荆州一事来说，东吴方面曾提出让孙权之子迎娶关将军之女，两家结姻，共力破曹，被关将军拒绝后，才最终选择与曹操合作。如果关将军能够退让一步，先稳住东吴，专心对付曹操，那么就不会失掉荆州。猇亭之战后，我们主动与东吴修好，不是害怕东吴，更不是忘记旧怨，而是为了避免大军南征孟获、北伐中原之时，东吴乘虚攻打西川，使我们再度面临被施"围魏救赵"之计的局面。

刘　禅：相父说得对，小不忍则乱大谋，朕记下了。除了稳住其他的势力，避免多线作战外，还有其他的办法应对"围魏救赵"之计吗？

诸葛亮： 有，可以事先做好对可能出现的"围魏救赵"局面的应对预案，通过其他方式补充大军外出作战后国内留下的防守空当，使前方部队继续安心执行预定计划，不需要分身相救。

刘　禅： 就像蹴鞠一样，有人负责进攻，还要有人负责防守吧。

诸葛亮： 陛下能从蹴鞠中悟出这样的道理，不简单。此外，如果对可能使出"围魏救赵"之计的一方有充分的了解和把握，认定其不可能乘机攻打自己，也可以继续按原来的计划行事，不必有所顾忌。当年先帝占据徐州，曹操意图讨伐，又恐袁绍乘虚进攻，犹豫不决。郭嘉进言道，袁绍性迟而多疑，绝不会出兵，曹操才放心起兵东征徐州。先帝派孙乾去袁绍处求救，袁绍的谋士田丰也劝袁绍使用"围魏救赵"之计，乘虚进攻许昌，既可保天子，也可解先帝之围。结果袁绍却因为幼子生病，心神恍惚，不肯发兵，白白错过了这一良机。

刘　禅： 袁绍如此不明，难怪为曹操所败。

袁绍怜子误大计

借刀杀人

敌已明，友未定，引友杀敌，不自出力，以《损》推演。

敌方的情况已经明朗，而盟友的态度还在摇摆，诱导盟友去对付敌人，而自己不出力气，这就是根据《易经》损卦中"损下益上"的道理推演而形成的谋略。

刘　禅：相父，"借刀杀人"这一计朕看懂了，是说自己不亲自动手，利用他人的力量消灭敌人吧。

诸葛亮：正是这个意思。这样一来既消灭了敌人，又消耗了他人的力量，还避免了自己力量的损失，可谓一举三得。

刘　禅：对于出刀杀人者而言，费的是自己的力气，得便宜的却是劝其出刀的人，那他为什么还甘于被人利用呢？

诸葛亮：这里面有两种情况。第一种是出刀者对受害者本身就怀有杀心，有人劝其出刀，并愿为其提供便利，自然正中其下怀。比如，当年关羽将军北伐曹操，中原震动。司马懿便献上"借刀杀人"之计，建议曹操派人联络孙权，让其乘虚袭取荆州。孙权本来就对荆州垂涎三尺，曹操约其南北夹击关羽将军，孙权当然乐意出手。

刘　禅：唉，又说到了朕心头的痛事。

诸葛亮：还有一种情况是，出刀者本没有杀害他人的意思，只不过受了一时的挑拨、蛊惑，或者收买、利诱，才选择出刀。比如，吕布原为丁原义子，被李肃挑唆，杀了丁原，认董卓做义父。后来，吕布又被王允、貂蝉挑拨，杀了董卓。吕布虽然英勇，但见利忘义、贪婪寡智，所以总被人拿来当刀使。

刘　禅：那如果别人要假我之手除掉对手，我该如何应对呢？

诸葛亮：作为出刀者，关键是要保持头脑清醒。当面对别人的怂恿挑拨或有意抛出的诱惑时，要考虑清楚出刀的后果，权衡好利弊，如果利大于弊，则出刀不妨，就像刚才讲到的孙权偷袭荆州之例；如果弊大于利，则切不可出刀。比如，当年先帝屯驻徐州时，吕布兵败来投，被安置在小沛。曹操担心先帝与吕布联兵一处，便采纳荀彧的"借刀杀人"之计，假借天子之名给先帝去了一封密书，让其诛杀吕布。先帝一眼就看穿了曹操的计策，说道："此曹孟德恐我与吕布共谋伐之，故用此计，使我两人自相吞并，彼却于中取利。"并将密书给吕布看，吕布因此非常感谢先帝。

李肃贿赂吕布

刘　禅：父皇真是既仁德又英明。那作为将要被杀的
　　　　一方而言，对"借刀杀人"之计该如何应对？

诸葛亮：首先要判断出刀者属于哪一种情况。如果出刀
　　　　者已有杀心，或者出刀者完全被要其出刀的人
　　　　操控，就应该早作打算，远远避开为好。例如，
　　　　晋献公的宠妃骊姬想谋害晋献公的两个儿子申
　　　　生和重耳，以便自己的儿子将来能继承王位，
　　　　便不断向晋献公说申生和重耳的坏话。重耳知
　　　　道父王已经完全为骊姬所迷惑，终将容不下自
　　　　己，便逃亡国外，最后不但保得了性命，日后
　　　　还成为"春秋五霸"之一。申生不肯逃走，最
　　　　终被骊姬诬陷其意图毒死晋献公，被逼自刎而
　　　　死。如果出刀者只是受了一时的蛊惑、利诱，
　　　　则应当向其澄清事实，剖明利害，尽可能争取
　　　　出刀者的理解，巩固与出刀者的关系。先帝也
　　　　曾遇到过这样的局面，应对得就很好。

刘　禅：哦？父皇还经历过被人借刀针对的险境？

诸葛亮：先帝创业艰难，多历险阻，所幸都能逢凶化吉。
　　　　当年先帝在徐州被曹操打败，与关、张失散，

先帝投了袁绍，关羽暂归曹操。曹操知道先帝在袁绍帐下，故意派关羽出战，斩颜良诛文丑，意图激怒袁绍，借袁绍之手杀害先帝。起初，关羽斩颜良后，败军向袁绍报告说，一个赤面长须的将军斩杀了颜良。沮授说此人必是关羽，袁绍以为先帝与曹操私通，便要杀先帝。先帝却说，天下相貌相似的人多了，难道只要是赤面长须的就是关羽吗？一句话让袁绍没了主张。后来关羽又斩杀了文丑，这次袁军看见了"汉寿亭侯关云长"的旗号，知道赤面长须者确是关羽无疑，袁绍很生气，又要杀先帝。先帝又说，关羽是他结义兄弟，只要他一封书信，就能使关羽来归。结果袁绍马上转怒为喜，说道："吾得云长，胜颜良、文丑十倍也。"益发将先帝奉为上宾。

刘　禅：父皇真厉害，朕可远远比不上他。

诸葛亮：愿陛下以先帝为榜样，明察秋毫，莫要受人蒙蔽利用，遇到冤屈和危险时也要从容应对。

刘　禅：朕记下了。

以逸待劳

困敌之势，不以战；损刚益柔。

要先使敌人陷于困顿的局面，而不要一上来就直接与敌人交战，可以采取《易经》损卦中"损刚益柔"的办法，使敌方逐渐由强转弱。

刘　禅：相父，这"以逸待劳"算得上是一条计策吗？朕舒舒服服躺在龙椅上，等待官人们忙忙活活地把御膳端上来，不就是"以逸待劳"吗？

诸葛亮：《孙子兵法》中说，凡是先到达战场等待敌人的，就会从容不迫，而后赶到战场仓促应战的，就会疲惫忙乱。因此善于用兵的人，要调动敌人，而不为敌人所调动。三十六计中的"以逸待劳"，就是对《孙子兵法》这一原则的应用，是指先利用客观形势、谋略，使敌方陷入疲劳困顿，而己方则养精蓄锐，再与敌方进行决战。与陛下的"以逸待劳"不是一个意思。

刘　禅：原来这才是真正的"以逸待劳"，朕随口乱说，让相父见笑了。

诸葛亮：其实陛下一开始讲的"以逸待劳"也很有道理。陛下以为，您为什么能"逸"，官人们为什么要"劳"？

刘　禅：因为朕是皇帝，他们是下人，地位不一样。

诸葛亮：对了，就是因为所处的地位不一样，所以
"劳""逸"有别。行军打仗也是同样的道理，
占据了有利的态势和位置，就会"逸"；
居于不利的态势和位置，只能"劳"。比
如，赤壁之战，曹操多犯兵家大忌，一是
舍弃了擅长的马战步战，与吴军打水战；
二是时值严冬，粮草不济；三是劳师远征，
士卒水土不服。曹军居于如此不利的态势，
最终只能陷入困顿不堪、士气低落的局面，
被孙刘联军打败。再如，当年定军山之战，
老将黄忠抢占了定军山西边的高山，引夏
侯渊出战。夏侯渊围住高山后，因为难以
仰攻，便在山下百般辱骂，想激黄忠下山
交战。而黄忠听了法正的计策，坚守不出。
正午以后，曹军渐渐劳顿倦怠，不少人都
下马休息。这时黄忠突然率军杀下山，夏
侯渊措手不及，被黄忠连头带肩砍为两段。

刘　禅：真痛快，想不到咱们用这一计打了这么多
胜仗。

黄忠刀劈夏侯渊

诸葛亮： 计策谁都可以用，咱们也吃过这一计的亏。臣一出祁山之时，命马谡、王平守住街亭要地。马谡先于魏军之前到达街亭，本来可以占据主动，以逸待劳，可马谡放弃大路，偏要跑到山上扎营，反被魏军四面围住、切断水源，陷入不利的境地，让魏军变成了"逸"，自己却变成了"劳"，最终街亭失守，第一次北伐也被迫中断。

刘　禅： 唉，可惜了当时一片大好的形势。相父，使用"以逸待劳"这一计，要如何让我方获得有利的态势，让敌方处于不利的态势？

诸葛亮： 问得好。双方态势的优劣，有时是天然形成的。比如远征的一方，军队长途跋涉，还要从遥远的后方运送粮草给养，显然比原地防守的一方更加劳苦。再比如占据了天时地利的一方，也会处于有利的态势。建兴八年（230 年），曹真、司马懿率四十万大军入寇汉中，臣夜观天象，知道将有一个月的大雨，便传令教各处隘口，预备干柴草料细粮，俱够一月人马支用，坚守不出，以逸待劳。这大雨连降三十日，魏军深陷雨中，进退不得，粮草不济，死者无数。雨住之后，魏军被迫撤退，我军乘势掩杀，大破魏军。

刘　禅：那客观条件上处于劣势的一方，就没法用"以逸待劳"之计了吗？

诸葛亮：也不尽然。敌我所处的态势优劣与否，是可以使用计策来改变的。《孙子兵法》有云："故善战者，致人而不致于人。能使敌自至者，利之也；能使敌人不得至者，害之也。故敌佚能劳之，饱能饥之，安能动之。"以利引诱，或者以害逼迫，就可调动敌人。比如，前边讲到的"围魏救赵"之计，就可以通过调动敌人，使敌人疲于奔命，用计的一方则能够以逸待劳。再如，伍子胥把吴国士兵分为三拨，轮流袭扰楚国边境，而楚军则每次都疲于应付。伍子胥乘楚国上下疲惫不堪之时举兵伐楚，一举攻入郢都。

刘　禅：看来不光是人好逸恶劳，连行军打仗也要
　　　　讲究好逸恶劳，让我方"逸"，让敌人"劳"。

诸葛亮：陛下明鉴。在军事中，"逸"确实比"劳"
　　　　好，关键是要有"逸"的条件，那就是抢
　　　　占有利态势，把握战场的主动权，致人而
　　　　不致于人。但为君者，则要勤于政事，做
　　　　天下臣民的榜样，不能有好逸恶劳的思想。

刘　禅：朕知道了。

趁火打劫

敌之害大，就势取利，刚决柔也。

当敌方正处于困境之中时，就要把握时机乘势为自己谋取利益，正合《易经》夬卦以刚克柔、以强胜弱之象。

刘　禅："趁火打劫"的意思是趁着别人家里失火的时候打劫吧。

诸葛亮：是的。失火的时候，人们都忙着救火，顾不上家里的财物，从而给了盗贼可乘之机。

刘　禅：那火烧赤壁算不算"趁火打劫"？趁着曹操的连环战船失火，孙刘联军向曹军发起进攻。

诸葛亮：火烧赤壁可以看作是战术层面的"趁火打劫"，但在三十六计中，这一计更多地强调战略层面，指当敌方陷入困境的时候，趁机制服敌方，或从敌方身上占得便宜。比如当他国陷入内乱时，就可以乘机侵占其土地，掠夺其人口，甚至将其灭掉。春秋时，越王勾践趁吴国遭遇大旱、国力受损的时候谋划攻打吴国，等到吴王夫差北上黄池与诸侯会盟、国内防备空虚，乘虚攻灭吴国。秦末时，匈奴趁着中原内乱，占据了河套地区。

刘　禅：朕懂了。当年曹丕采纳司马懿的计策，趁父皇驾崩的时候，约集五路大军会攻西川，不就是"趁火打劫"？

诸葛亮： 没错。曹丕和司马懿就是打算趁我国内局势
不稳，外敌虎视眈眈，内外交困之际，谋夺
我大汉的江山社稷。还有，当年曹操乘刘表
新丧，刘琦、刘琮二子失和，荆州内部一片
混乱之际，大举南侵，几乎兵不血刃拿下了
荆州。

刘　禅： 这一计还真是毒辣，落井下石，乘人之危，
非君子所为。

诸葛亮： 这一计确实有点不合道义，但是在战场上，
与敌人之间没有什么道义可讲，如果像宋襄
公一般妇人之仁，到头来只能是害了自己。
当年孙坚在襄阳城外被刘表部将吕公射死，
尸首为刘表军所获，但刘表大将黄祖为黄盖
所擒。黄盖向孙策建议，以黄祖换回孙坚尸
首，两家讲和。蒯良劝刘表道："今孙坚已
丧，其子皆幼。乘此虚弱之时，火速进军，
江东一鼓可得。若还尸罢兵，容其养成气力，
荆州之患也。"而刘表却因与黄祖交情匪浅，
不忍抛弃，遂答应了孙策的请求。结果孙策、

孙权后来羽翼渐丰，打下了江东六郡八十一州的地盘。若不是曹操南侵，荆州早晚也为东吴所并。

刘　禅：相父说的是，朕记下了。

诸葛亮：当年先帝三顾茅庐之时，臣曾向先帝说道："将军既帝室之胄，信义著于四海，总揽英雄，思贤如渴，若跨有荆、益，保其岩阻，西和诸戎，南抚彝、越，外结孙权，内修政理；待天下有变，则命一上将将荆州之兵以向宛、洛，将军身率益州之众以出秦川，百姓有不箪食壶浆以迎将军者乎？诚如是，则大业可成，汉室可兴矣。"臣的意思是，让先帝先建立稳固的根据地，发展壮大自己的力量，等到曹魏集团内部出现分裂、动荡时，再乘机北伐。所谓的"待天下有变"，其实就是"趁火打劫"的另一种说法。陛下还记得，臣上出师表，首次北伐中原是什么时候吗？

刘　禅：应该是建兴五年（227年）。

诸葛亮：那曹魏那边的年号呢？

《三國演義》第三十八回定三分隆中決策辛巳年季秋吉日劉龍郭松緯作□圖□于滬上清河劉畔珍生乙酉墨□病居□璞

隆中決策

刘　禅：呃，好像是太和元年（227 年）。对了，那时候曹丕刚死，曹睿刚刚当上皇帝。

诸葛亮：新旧交替之时，曹魏朝局不稳，曹睿又对辅政的司马懿心怀疑虑，夺了他的兵权，这便是臣说的"天下有变"，正是使用"趁火打劫"之计北伐中原的天赐良机，所以臣立即上表请战。这跟当年曹魏乘先帝驾崩、陛下刚刚即位之时举兵伐川，其实是一个道理。只可惜我们失了荆州，无法从荆州同时出兵，又可恨马谡不听良言，失了街亭，否则此次北伐便可大功告成，我们失去了一次绝好的机会。

刘　禅：相父莫急，机会还会有的。

诸葛亮：司马懿胸怀韬略，素有大志，他日乱魏者必是此人，到时候中原局势还会出现动荡，可以乘机北伐。只可惜臣的身体日感不支，不知道还能不能撑到那个时候。

刘　禅：相父，您可千万要保重身体，大汉全靠您了啊。

诸葛亮： 谢陛下关心。《孙子兵法》有言，"先为不可胜，以待敌之可胜"，正是使用"趁火打劫"之计的精髓。希望陛下能够勤修德政，富国强兵，耐心等待战机。这样不管臣在不在，兴汉大业都有望成功。

刘　禅： 相父……

声东击西

敌志乱萃，不虞，坤下兑上之象，利其不自主而取之。

　　敌人的意志出现了混乱，一会儿一个主意，无法判断我方下一步举动。这是《易经》中下卦为坤（地），上卦为兑（泽）的萃卦之象。要趁着对方已经失去了判断能力、处于混乱之时将其消灭。

刘　禅：相父，"声东击西"是说表面上好像要攻打东面，实际上却攻打西面吧。

诸葛亮：是的。此计乃是《孙子兵法》中"避实击虚"之法的应用。通过佯攻东面，使敌方将注意力和守备力量更多地部署到东面，造成西面防守空虚，我军再从西面发起进攻。这一计的目的是让敌人无法判断我军的主攻方向，从而在部署上发生混乱，使我军得以从敌人部署的薄弱处进行突破。黄巾之乱时，朱儁将军把黄巾军包围在宛城，并在城外垒起一圈土山，观察城内的情况。当他鸣鼓攻打西南角时，黄巾军全部集结到西南面迎敌，朱儁便亲率五千精兵突袭宛城东南角，一举攻破了城池。

刘　禅：一般在什么情况下需要使用"声东击西"之计呢？

诸葛亮：《孙子兵法》有言，"十则围之，五则攻之，倍则分之"。当攻守双方力量相当或者相差不大的时候，进攻方的力量尚未取得压倒性优势，防守方的防守面足以应对进攻方的进攻面，此时进攻方必须使防守方的兵力进一步分化和调配，才能从防守方相对薄弱的地方攻入。如果进攻方的兵力强大到足以碾压对手，如十倍、五倍，则可以将对方聚而歼之，或直接发起进攻，就不需要进一步扰乱或分化敌人了。

刘　禅：当我军的兵力少于敌方时，可以使用这一计吗？

诸葛亮：当然可以。当总兵力不如对方时，可以通过"声东击西"等方式调动敌军，使我军在局部形成力量优势，从而战胜当面之敌。当年袁绍派大将颜良进攻白马，曹操采纳荀攸"声东击西"之计，佯装从延津渡河去袭击袁绍后方，诱使袁绍分兵赴延津应战，再命关羽将军率军突袭白马，结果关将军于万军丛中斩颜良于马下。

刘　禅：二叔斩颜良、诛文丑的事迹，广为世人传颂。那这样说来，这一计在军事中经常会被使用吧。

诸葛亮：不错。"声东击西"利用了攻守双方的信息

关公斩文丑

不对称。进攻方处在主动地位，掌握信息优势，可以根据防守方的部署选择攻击点。而防守方处在被动地位，往往很难判断对方下一步行动，只能被动应付，难免备左则右寡，备右则左寡，给对方以可乘之机。这一计既简单好用又成效明显，因此作为进攻的一方，非常喜欢用这一计。

刘　禅：那使用这一计的成功率高吗？

诸葛亮：由于进攻方经常会使用"声东击西"之计，防守方通常会对进攻方的可疑举动严加防范，因此这一计策很容易被识破。此时防守方要么坚持原来的部署不变，要么在防备东边的同时也不放松对西边的防守，甚至将计就计，在西面伏下重兵，这样一来，不但"声东击西"计策落空，进攻方还有可能遭到损失。比如景帝时，吴楚等七国作乱，周亚夫守城拒敌。吴王刘濞佯攻城池的东南角，周亚夫识破刘濞的"声东击西"之计后，在西北角加强防备，后来刘濞果然率精兵攻打西北角，结果无功而返。

刘　禅：周亚夫将军果然善于用兵，难怪他能平定七
　　　　国之乱。

诸葛亮：是否运用"声东击西"之计，必须视对方的
　　　　判断是否发生了混乱而定。如果敌人慌乱无
　　　　主，运用这一计策就能取胜，反之，如果敌
　　　　人镇定自若、沉着有备，运用这一计策将自
　　　　取其败。总之，这是一条需要冒险的计策。
　　　　且不说刘濞之流，即便是曹操，使用"声东
　　　　击西"之计也同样被识破了。当年曹操讨伐
　　　　张绣，久攻南阳城不下，后来曹操发现南阳
　　　　城的东南角多有毁坏，易于攻城，便假装要
　　　　从西北角攻城。不料曹操的"声东击西"之
　　　　计被张绣的谋士贾诩识破，贾诩便让张绣将
　　　　计就计，让百姓假扮士兵守西北角，主力则
　　　　埋伏在东南角。结果曹操率大军攻东南角，
　　　　中了埋伏，大败而回。

刘　禅：使用这一计确实有风险啊。看来事情都有两
　　　　面性，容易用的计策，往往也容易破解。

诸葛亮：陛下明鉴。

无中生有

诳也，非诳也，实其所诳也。少阴、太阴、太阳。

运用假象欺骗对方，但假象并不永远都是假象，而是在不知不觉中将假象转换为真相。就像由少阴变成至阴，阴极而阳生，直至转化为至阳的阴阳转化之理一样。

刘　禅：“无中生有”是小人拨弄是非、栽赃陷害
　　　　的惯用手段吧。

诸葛亮：当“无中生有”用作一个成语时，差不多
　　　　是这个意思，指凭空捏造，把没有的说成
　　　　有，重点落在“无”上。但作为三十六计
　　　　中的一计，实际上包含两个层次的意思。
　　　　第一个层次是“无而示有”，即明明没有，
　　　　却装作有，用在军事中，通常是较弱的一
　　　　方通过营造假象，展示自己实力强大或准
　　　　备充分，使敌人不敢贸然行动，或知难而退。
　　　　当年张飞将军在长坂桥畔，命二十余名士
　　　　兵把树枝绑在马尾上，在林中往来驰骋扬
　　　　起尘土，让曹军以为林中有伏兵，不敢前进，
　　　　就是“无而示有”。后来张将军持矛勒马
　　　　立于长坂桥上，一声断喝，吓得曹将夏侯
　　　　杰苦胆迸裂而死，曹操慌忙退军。

刘　禅：三叔真厉害！朕现在想象一下那个场面，
　　　　都非常激动。

诸葛亮：张将军粗中有细，勇猛过人，是难得的

将才。

刘　禅：那第二个层次的意思呢？

诸葛亮：第二个层次是"无中生有"。"无中生有"
　　　　是建立在"无而示有"的基础上的，也就
　　　　是先制造"无而示有"的假象，并故意让
　　　　敌人识破，误以为我军没有足够的实力或
　　　　者"示有"所展现的行动意图，从而使敌
　　　　人放松警惕或者做出错误的判断，此时我
　　　　军再变虚为实，变无为有，出其不意，战
　　　　胜敌军。陛下听过"项羽智降乌骓马"的
　　　　传说吗？

刘　禅：朕只知道乌骓马是项羽的坐骑，与父皇的
　　　　的卢马、二叔的赤兔马一样，都是世间名马。

诸葛亮：据传，项羽早年在吴中乡间避难时，附
　　　　近山中出了一只怪兽，夜里祸害庄稼。项
　　　　羽听说后，独自进山躲在树后，发现祸害
　　　　庄稼的是一匹黑色的野马。项羽从树后跳
　　　　出来想抓住它，结果黑马听到响动，霎时
　　　　跑得无影无踪。项羽为捉黑马，便想出了

"无中生有"的计策。他先是在黑马吃庄稼的地方立了一个草人，结果当夜黑马见了草人被吓跑了，这就是"无而示有"。过了几天黑马又来了，看到草人还立在那里，便壮胆用鼻子闻了闻，发现没什么危险，又安然吃起庄稼来，这就相当于"无而示有"的假象被识破。第二天晚上，项羽把草人撤去，自己站在草人的地方。黑马来时，对项羽不以为意，继续低头吃庄稼，结果项羽瞅准机会，一把揪住黑马的鬃毛翻上马背，黑马受惊狂奔，最后被项羽制服，成了项羽的坐骑，名为"乌骓马"。这就是变虚为实，"无中生有"。

刘　禅：这个故事太精彩了！朕还想听。

诸葛亮：曹操也中过这一计呢。当年曹操兵败赤壁，率残兵投往南郡，中了赵云、张飞两处埋伏后，来到一处三岔路，前面两条路一条是大路，一条是华容道小路，皆通南郡。臣命人在华容道烧烟，并让关羽将军在华容道埋伏。曹操生性多疑，以为华容道生烟是我军故意"无而示有"，想引他走大路，便下令走华容道，结果遇到了关将军。这就是从曹操以为的"无"中，生出了"有"。

刘　禅：可惜二叔太重情义，放走了曹操。

诸葛亮：臣命关将军守华容道，就是故意让关将军放走曹操的。

刘　禅：咦？这是怎么回事？

诸葛亮：若曹操被擒，北方必定大乱。东吴有数十万之众，便可乘机吞并荆州，北进中原，而先帝当时只有万把人马，根本无法与孙权抗衡。所以曹操被擒，得便宜的是孙权，吃亏的是我们。如果曹操回到北方，便可在合淝、徐州方向牵制住孙权，我军就可以乘机夺取荆州、益州，成鼎足三分之势。此外，曹操曾经厚待过关将军，而关将军又是个知恩图报的人，若在战场上相遇，可能放不开手脚。借此机会，也正好让关将军还曹操一个人情。

关公义释曹操

刘　禅：原来如此，相父高见。

诸葛亮：说远了。这一计虽然包含两个层次的意思，但实际上更加偏重第二层意思。"无而示有"只能应一时之急，把"无"变成真的"有"，才是战胜敌人的长久之策。假使当年曹操在长坂桥前，先派一支小部队冲过去试探一下，张飞将军是根本抵挡不住的。

刘　禅：朕懂了，战胜敌人不能光靠制造假象，否则就像"滥竽充数"的南郭先生，早晚会露馅。

暗度陈仓

示之以动，利其静而有主，益动而巽。

故意将动向暴露给对方，吸引对方注意力后，再暗中采取另外的行动来战胜敌人。正合《易经》益卦中风雷之势交相助益之象。

刘　禅：相父，"暗度陈仓"是高祖时的典故吧。

诸葛亮：是的。暴秦被推翻后，项羽将高祖赶到汉中，并封章邯为雍王，以防备高祖。高祖进入汉中后，命人烧绝栈道，一方面防备章邯进攻，另一方面向项羽表示自己意在固守汉中，无意争夺天下。后来高祖逐渐积累力量，准备出山与项羽一决雌雄。为了迷惑章邯，高祖采纳韩信的建议，派了一万多人去修复烧毁的栈道，同时命韩信率主力绕道攻打陈仓。陈仓是连接汉中、关中的重要关口，章邯因为将注意力集中在栈道方向，对陈仓疏于戒备，结果被韩信一举攻破。高祖得以占据关中，最终打败了项羽。这就是"明修栈道，暗度陈仓"。

刘　禅："暗度陈仓"真可谓大汉的立国之计啊，要是没有这一计，高祖不知还要困守汉中多少年呢。

诸葛亮：汉中是我大汉的福地，高祖当年正是凭借汉中夺取了天下。如今陛下据有汉中，进可攻，退可守，也必将大有作为。

刘　禅：　"暗度陈仓"是一个典故，那作为一计该如
　　　　　何使用呢？

诸葛亮：　这一计是指在不令人生疑的行动背后隐藏真
　　　　　正的意图，从而出奇制胜，具体可以分解为
　　　　　两个步骤。一是"明修栈道"，即通过合乎
　　　　　情理的行动来迷惑和牵制敌人；二是"暗度
　　　　　陈仓"，即从敌人意想不到之处突然发起进
　　　　　攻。当年张飞将军进兵汉中，与张郃相持于
　　　　　瓦口关，连日攻打不下。后来张将军哨探到
　　　　　一条通到瓦口关后的小路，便命魏延继续引
　　　　　兵叩关攻打，吸引张郃的注意力，自己却亲
　　　　　自带一队人马从小路绕至关后。张郃见我军
　　　　　突然出现在瓦口关后方，大惊之下，只得弃
　　　　　关而逃。

刘　禅：　"明修栈道"与"暗度陈仓"，两者要连在
　　　　　一起使用吗？

诸葛亮：　《孙子兵法》强调用兵要奇正相间，"明修
　　　　　栈道，暗度陈仓"正是奇正相间的一计。其

张飞智取瓦口隘

中"明修栈道"是正，"暗度陈仓"是奇。奇出于正，如果没有正，则不能出奇。当年曹操与袁绍相持于官渡，袁绍的谋士许攸曾献计，让袁绍另派一军偷袭许昌。两军战于官渡是为正，偷袭许昌是为奇，如此奇正相间之策，与"明修栈道，暗度陈仓"如出一辙，袁绍如能采用，曹操必败无疑。只可惜袁绍智虑短浅，不能采纳良言。

刘　禅：原来要想"暗度陈仓"，先要"明修栈道"。袁绍明明有这么好的条件，这么好的谋士，却不懂得好好利用，难怪被曹操打败。

诸葛亮：想要度陈仓，先要修栈道，但是修了栈道，不一定能度得了陈仓。臣二出祁山时，曾想从陈仓进军，不料魏将郝昭在陈仓道口筑起一座城，凭险据守。郝昭的守军只有两三千人，结果我数十万大军猛攻一个月，用尽各种方法，竟然不能攻克。最后我军粮草用尽，只得退兵。后来，还是趁着郝昭病重身死，魏军兵无主将，阵脚大乱，我军这才夺下陈仓。

刘　　禅：没想到郝昭居然如此厉害。

诸葛亮：郝昭确实是个难得的将才，但陈仓地势险峻，易守难攻，占了地利之便，才是主要原因。由此可见，当年章邯如果在陈仓稍微加强一下防守，想必韩信也很难攻克。与其说章邯败于韩信的"明修栈道，暗度陈仓"之计，倒不如说败在自己对于陈仓方向的疏忽大意。因此，要想用成这一计，除了要把"明修栈道"的戏演好之外，还要看"陈仓"方面是否有防守漏洞。反之，作为受计的一方，如果对战略要地及己方的薄弱环节加强守备，即便对方假戏做足、迂回突袭，也不致为其所乘。当年我军攻克陈仓之后，臣命姜维、王平攻打阴平、武都二郡。司马懿使出"暗度陈仓"之计，一面命张郃、戴陵领兵与我军正面相持，一面命郭淮、孙礼从小路赶赴阴平、武都二郡，从后面包抄姜维、王平。臣识破了司马懿的计策，命关兴、张苞先去小路埋伏。结果姜维、王平先攻破了阴平、武都，率军与关兴、张苞两面夹击郭淮、孙礼，将魏军杀得大败。

刘　禅：这一计朕牢牢记在心里了。他日朕也要效法高祖，兵出汉中，克复中原，重振大汉声威。

隔岸观火

阳乖序乱，阴以待逆。暴戾恣睢，其势自毙。顺以动豫，豫顺以动。

敌方内部矛盾激化、陷入混乱时，应当暗中静观其变，等待敌方更进一步的局面恶化。对方残暴凶狠、任意胡为，必然自取灭亡。这正是运用了《易经》豫卦中包含的顺时以动、随和其意的道理。

刘　禅：相父，"隔岸观火"怎么理解？是因为在对
　　　　岸看得更清楚，还是害怕被火烧到？

诸葛亮："隔岸观火"的字面意思是隔着河看对岸失
　　　　火。正如陛下所言，"隔岸观火"既能看清
　　　　楚对岸失火的整体情况，又不会为对岸的火
　　　　所伤。作为一计，其核心意思是，当敌人内
　　　　部发生矛盾和分化时，先不要急于介入，而
　　　　要冷静慎动，密切关注其发展变化，把握最
　　　　有利的时机再出击。

刘　禅：朕明白了，原来"隔岸观火"不是单纯地袖
　　　　手旁观、置身事外，而是在等待和把握最佳
　　　　战机。

诸葛亮：《诗经》有言，"兄弟阋于墙，外御其侮"。
　　　　兄弟之间经常会因为争夺财产或其他琐事而
　　　　发生冲突，但当有外人来欺负他们时，他们
　　　　又会抛弃旧怨一致对外。所以，先不着急动
　　　　手，待他们自相残杀、你死我活后，再坐收
　　　　渔人之利。这就是"隔岸观火"之计的典型
　　　　应用。在这方面，曹操灭袁氏兄弟就是最好

的例子。

刘　禅：您是说袁绍的三个儿子袁谭、袁熙、袁尚三
　　　　兄弟吗？

诸葛亮：是的。当年袁绍兵败官渡后，袁氏尚有四州
　　　　之地，数十万人马，如果袁氏兄弟齐心协力，
　　　　可与曹操再决雌雄。但袁绍死时将位子传给
　　　　了三子袁尚，长子袁谭不满，与袁尚交恶。
　　　　此时曹操发兵攻打冀州，袁尚、袁谭合兵一
　　　　处共同抵挡，曹操连日攻打不下。郭嘉就向
　　　　曹操献上"隔岸观火"之计，说："袁氏废
　　　　长立幼，而兄弟之间，权力相并，各自树党，
　　　　急之则相救，缓之则相争。不如举兵南向荆
　　　　州，征讨刘表，以候袁氏兄弟之变。变成而
　　　　后击之，可一举而定也。"曹操采纳了郭嘉
　　　　的建议，不久袁尚、袁谭果然兵戎相见。袁
　　　　谭失败后，竟然向曹操投降，欲引曹操之兵
　　　　攻打袁尚。曹操当然求之不得，先出兵打败
　　　　袁尚，夺了冀州，袁尚逃到幽州投奔袁熙。
　　　　后来袁谭意图重新夺回冀州，为曹操所杀。

刘　禅：袁谭居然引自家的大仇人攻打自己的弟弟，真是无耻至极，最后反被曹操所杀，真是自作自受。

诸葛亮：曹操攻下冀州后，又发兵攻打幽州，袁熙、袁尚被曹操打败，率数千残兵逃到辽东公孙康处。众将都劝曹操一鼓作气拿下辽东，彻底消灭袁熙、袁尚。郭嘉却给曹操留下一份遗书，说："今闻袁熙、袁尚往投辽东，明公切不可加兵。公孙康久畏袁氏吞并，二袁往投必疑。若以兵击之，必并力迎敌，急不可下；若缓之，公孙康、袁氏必自相图，其势然也。"又为曹操献上了"隔岸观火"之计。于是，曹操率大军停在易州，按兵不动。过了不久，公孙康果然杀了袁氏兄弟，并把他们的首级送给曹操。经过两番"隔岸观火"，曹操彻底消灭了袁氏的势力。

刘　禅：袁家兄弟真是不长记性，一次又一次败在这一计之下。

诸葛亮：与其说袁氏兄弟是败在这一计上，倒不如说

《三国》三十三回 郭嘉遗计定辽东 曹操引众官

后人有诗赞曰：天生郭奉孝 豪杰
冠群英 腹内藏经史 胸中隐甲兵
运谋如范蠡 决策似陈平 可惜身先
死 中原梁栋倾

操泣河，泪落欲平沔俊公运浮粮草小手操痛高心怀暴 丙申 景戚

立相大畏贵衣隘振力

曹操祭于郭嘉灵前七与三十八岁以拓俊 十月二年丙丙 丙申作三国人物 圣改郭心

郭嘉遗计定辽东

他们是败在自己内部的矛盾上，曹操不过是捡了现成便宜。其实面对内部矛盾激烈的敌人，"隔岸观火"是最有效也最稳妥的计策，此时我方不费一兵一卒，便可坐观成败，时机成熟时还可以"趁火打劫"。当年十八路诸侯讨伐董卓时，无论是十八路诸侯集团，还是董卓集团，内部皆矛盾重重。当董卓放弃洛阳、固守关中之后，十八路诸侯便自相残杀。而十八路诸侯散去后，董卓又为吕布所杀。他们都不是被敌人打败的，而是被自己人打败的。

刘　禅：如果我们身处火中，旁人却在"隔岸观火"，该怎么办？

诸葛亮：把"隔岸观火"者拉入火中，不让其舒舒服服置身事外。在这方面，我们还是要向曹魏学习。当年陛下刚刚登基时，曹丕约集东吴等四路兵马共取西川，就是要把他们也拉入火中。一来，这样可以分散我军的兵力，使我军首尾难以相顾；二来，使吴国等加入战事，也可以消耗他们的兵力；三来，若伐川失败，他日我军兴兵报复，东吴等也在其列。

刘　禅：果然是好办法，这样"隔岸观火"者就无法坐享渔人之利了。

诸葛亮：其实后来我们北伐时请东吴同时出兵，东吴与曹魏交战时请我们同时出兵，也是同样的道理。

刘　禅：原来如此。

笑里藏刀

信而安之，阴以图之，备而后动，勿使有变。刚中柔外也。

　　表面上让对方信任我方而丧失警惕，暗中谋划消灭对方的办法。做好充分的准备以后才能行动，确保一击而中，避免发生意外和变化。这就是《易经》兑卦中包含的外柔而内刚的道理。

刘　禅：相父，"笑里藏刀"这一计让人一听就起一身鸡皮疙瘩。

诸葛亮："笑里藏刀"是指表面上言笑晏晏，实则暗藏杀机。想想一个整天对你满脸堆笑的人，突然在你面前掏出一把刀要杀你，谁能不害怕？

刘　禅：这一计一般用在熟悉的人之间吧。

诸葛亮：多数情况下是的。人们通常会对陌生人保持警惕，但对熟人，特别是平日与自己相善的熟人，则容易丧失警惕。董卓之乱时，有不少人都想刺杀董卓，结果董卓本身力气很大，又有吕布在一旁保护，凡是行刺的都失败了。只有曹操假装屈身投靠董卓，取得了董卓的信任，才有了刺杀董卓的良机，这就是"笑里藏刀"的厉害之处。只可惜曹操拔刀的动作被董卓发现，行刺不成。危急之间，曹操假称向董卓敬献宝刀，趁董卓狐疑不定之时，匆忙逃出城去。

刘　禅：曹操当年也是个义士，就算他行刺成功，也

三國演義第四回謀董賊孟

德献刀

曹操献刀

会被董卓府上的卫兵抓住，他这是抱着必死的决心去行刺的。

诸葛亮：青年时的曹操，确实是一位志在报效汉室的忠臣，只可惜随着权力越来越大，渐渐被野心吞噬了初心，从"汉相"变成了"汉贼"。

刘　禅：要用好"笑里藏刀"之计，有什么需要注意的吗？

诸葛亮：如同本计解语所言，"信而安之，阴以图之，备而后动，勿使有变"。用好这一计有三个步骤：一是通过种种表演，让对方信任自己，不加防备；二是暗中做好一切谋划和准备，深藏不露，不为对方所发觉；三是在做好充分准备的基础上，出刀要快、狠，不给对方任何翻盘的机会。

刘　禅：为什么这一计这么强调要做好充分准备呢？

诸葛亮：之所以能够使出"笑里藏刀"之计，是因为利用了对方对自己的信任。出刀之际，也是与对方彻底决裂之际，一旦出刀不成，必然会遭到对方的反击，所以使计者必须做好充分的准备，争取一击即中，不给自己留下后患。非心狠手辣者，用不成这一计。吕蒙和陆逊就是"笑里藏刀"的高手。

刘　禅：他们怎么"笑里藏刀"的，是对孙权吗？

诸葛亮：不是对孙权，是对关羽将军。关将军水淹七军后，与曹仁相持于樊城。此时孙权与曹操勾结，准备派吕蒙乘虚偷袭荆州。而关将军进攻樊城前，为防备东吴偷袭，在荆州留下了不少兵马，并沿江修筑了许多烽火台，用来示警。吕蒙了解到这一情况后，一筹莫展，称病不出。这时陆逊便向吕蒙献上"笑里藏刀"之计。按照计策，吕蒙借口有病，向孙权提出辞职，让年资浅薄的陆逊代替他的职务。陆逊到任后，向关将军送去一封措辞极为谦卑的书信，表示愿与关将军结好。关将军此时正在攻打樊城的紧要关头，手下正缺人马，又觉得心腹大患吕蒙已为孺子陆逊所替换，而陆逊又如此谦卑懦弱，荆州方面已无危险，便将大部分荆州守军调往樊城前线。

吕蒙乘此机会，率军假扮客商突袭荆州，一举攻破了城池。关将军中了吕蒙、陆逊"笑里藏刀"之计，这才大意失了荆州。

刘　禅：可怜二叔一世英名，败在这两个小人手上。

诸葛亮：吕蒙、陆逊的"笑里藏刀"之计固然毒辣，但关将军过于骄傲自负，也是被他们算计的重要原因。《孙子兵法》有言，"辞卑而益备者，进也"，表面言辞卑怯而暗中加强准备，是要发起进攻的表现。关将军熟读兵法，不会不晓得其中的道理。只是关将军素来轻视东吴诸人，才会为眼前的假象所迷惑。陛下要谨记，为人君者，一定要谦虚谨慎，知人善任，不能轻信整天满嘴奉承之词的人。须知"亲贤臣，远小人，此先汉所以兴隆也；亲小人，远贤臣，此后汉所以倾颓也"。

刘　禅：朕知道了！那若是别人对我们"笑里藏刀"，我们该如何应对呢？

诸葛亮：应对"笑里藏刀"，最好的办法不是与对方撕破脸皮、兵戎相见，而是故意让对方知道自己已经加强了戒备，从而使其打消念头、知难而退。这样既避免了双方直接冲突，又为日后继续合作留下了空间。赤壁之战时，周瑜假意请先帝前来共商破曹之策，实则埋伏刀斧手意欲杀害先帝。结果关将军陪先帝一起赴约，周瑜为关将军威名所慑，遂不敢动手。后来关将军镇守荆州之时，鲁肃又请关将军赴宴，意图扣留关将军，逼他割让荆州。而关将军单刀赴会，饮罢拉着鲁肃走到江边，东吴将士怕伤了鲁肃，没人敢动手，关将军安然离去。先帝与关将军这两次赴宴，既破解了"笑里藏刀"的奸谋，又顾全了东吴的面子，使得两家得以继续合力抗曹。

刘　禅：真是好办法，多谢相父赐教。

李代桃僵

势必有损，损阴以益阳。

如果势必要遭受损失，则应放弃局部利益以换取整体利益。

刘　禅：相父，朕记得好像有一首乐府诗，里面又是桃，又是李的，跟"李代桃僵"这一计有关系吗？

诸葛亮：陛下好记性。这首诗是："桃生露井上，李树生桃旁。虫来啮树根，李树代桃僵。树木身相代，兄弟还相忘。""李代桃僵"之计正是出自这首诗，意思是李树代替桃树受虫蛀，原本比喻兄弟间要相互友爱相互帮助，但在后世流传中，渐渐变成了相互顶替或代人受过之意。用在行军作战方面，"李代桃僵"是指势必要遭受损失时，应牺牲局部以保全局，牺牲次要以保主要。比如著名的"田忌赛马"，田忌听从孙膑的建议，用自己的下等马对齐王的上等马，用自己的上等马对齐王的中等马，用自己的中等马对齐王的下等马，结果输一场赢两场，虽然在局部上失败了，但在整体上胜利了。

刘　禅：这个道理朕懂，整体与局部相比，当然是整体更重要。但趋利避害是生灵之本能，如果李树有独立思想的话，为什么甘愿牺牲自己以保全桃树？

诸葛亮：这里面的情况比较复杂，总体来看，使用"李代桃僵"之计可以分为两种情形。一种是李树主动做出牺牲，甘愿代桃树受过。李树主动牺牲的动机和原因也是多种多样的，有时各种动机和原因又混杂在一起。当年曹操起兵讨伐董卓，到了荥阳，被董卓部将徐荣打败。曹操慌乱之中失掉坐骑，而徐荣追兵已近，情况十分危急。曹洪见状跳下马来，把坐骑让给曹操，自己则甘冒危险，拖刀跟马而走，一路保护曹操。后来马超逼得曹操割须弃袍，也是曹洪拼死救下了曹操。曹洪舍命救曹操，可以说是出于部下保护主帅的职责，也可以说是出于从弟对于兄长的亲情，也可以说是出于忠义，甚至可以说是出于利益，曹操若亡，覆巢之下无完卵，曹氏一族也必然无从幸免。总之，此种情形下"李代桃僵"之计一般由李树发动，而李树的自我牺牲往往比较悲壮。

刘　禅：那第二种情形是李树被动牺牲吧？

诸葛亮：是的。此时李树本身并不想牺牲，但被桃树命令或欺骗，不得不做出牺牲。再举个曹操的例子。曹操与袁术战于寿春，相持一个多月，粮草将尽。曹操命令粮官王垕用小斛分发军粮，减少给每名士兵的供应，待士兵怨声载道、军心浮动后，曹操又将责任全部推到王垕身上，说他贪污克扣军粮，并将其斩首示众，以息众怒。如此一来，便延长了数日的军粮供应，曹军凭此最终攻克了寿春。这就是"曹操借头"的故事。此种情形下"李代桃僵"之计一般由桃树发动，而李树的被动牺牲往往比较悲惨。

刘　禅：曹操真是奸诈无比。

诸葛亮：曹操的座右铭是"宁教我负天下人，休教天下人负我"，就是要把自己当成桃树，全天下的人都是他的李树。当然，曹操是个聪明人，他培养李树的方式是通过日常的善待，以及树立榜样，使其甘心替自己受过，而像

曹操借头

"借头"之类强迫李树牺牲的方式，只有在迫不得已的情况下才使用。当年关羽将军身陷曹营时，曹操对关将军厚加笼络，对其过关斩将不加刁难，既是爱关将军之才，也是敬关将军之义，更是以关将军为榜样，要求自己的部下忠于自己。曹操每每厚葬宁死不降的义士，杀死背主求荣的小人，也是在教育自己的部下对自己竭尽忠诚。正是因为如此，虽然曹操本身是个奸诈之人，但在其身边有一群甘愿为其赴死的文臣武将，这就是他的厉害之处。

刘　禅：在这方面，朕应当学习曹操吗？

诸葛亮：不，陛下应当效法先帝。先帝曾说过："操以急，吾以宽；操以暴，吾以仁；操以谲，吾以忠。每与操相反，事乃可成。"曹操笼络部下靠的是权谋和手腕，乃"术"；先帝凝聚众志靠的是仁德和赤诚，乃"心"。臣正是有感于此，才出山许先帝以驱驰，关、张、赵等才愿一生誓死追随先帝。陛下心地

纯良、宽宏雅量，若效法先帝，待人唯诚，

同样会有一批忠志之士愿意为您赴汤蹈火。

刘　禅：朕懂了，多谢相父教诲。

顺手牵羊

微隙在所必乘，微利在所必得。少阴，少阳。

对方无论多么小的疏漏我方都要加以利用，无论多么小的利益我方也要得到。变敌方小的疏漏为我方小的利益。

刘　禅：相父，"顺手牵羊"是指顺手将别人家的羊牵走据为己有吗？

诸葛亮：陛下以为，一个人为什么能轻轻松松地把别人家的羊牵走呢？

刘　禅：是因为羊主人疏忽大意，没有看管好自己家的羊。

诸葛亮：陛下说得好。羊多了，羊主人看管不过来，就会出现疏漏。同样地，在大部队行动的过程中，也会暴露出很多漏洞，利用敌方的疏漏来打击敌人、获取利益，就是"顺手牵羊"。

刘　禅：行军打仗中的疏漏都有哪些呢？

诸葛亮：大军调度中人员、部门、环节众多，哪一个方面疏忽大意，都有可能出现漏洞。比如，官渡之战中，袁绍忽视了对乌巢的防守，就是对粮草辎重的保护存在漏洞；用贪酒误事的淳于琼守乌巢，就是在用人方面存在漏洞。结果曹操利用这些漏洞，火烧乌巢，使袁军军心大乱，取得了官渡之战的胜利。赤壁之战中，曹操以为冬天不会刮东南风，便疏于对火攻的防范，结果被臣借来东风，一把火将战船烧得干干净净，这就是曹操在对天时的判断上存在疏漏。

刘　禅：曹操哪能料到相父竟能向上天借来东南风？

诸葛亮：臣只是仰观天象，知道有几日要刮东南风，所谓设祭坛、借东风云云，不过是演给周瑜看的，以激励士气，也教东吴不敢小瞧吾等。

刘　禅：原来如此。防守中容易暴露出漏洞，进攻中会有漏洞吗？

诸葛亮：当然有。比如一支部队轻敌冒进，与大部队前后脱节，就属于进攻中的漏洞，另一方可把握战机，集中兵力打击敌方该冒进之部。臣二出祁山时，因郝昭据守陈仓，粮尽而还。曹真部将王双率少量部队追赶抢功，结果被臣使魏延设计斩杀，就属于此种情形。再比如，元光二年（前133年），武帝派聂壹向匈奴的军臣单于诈降，以献上马邑城为名，请军臣单于派大军接应，并命韩安国、李广等率三十万大军在马邑周围山谷中设伏，意

诸葛亮借东风

图围歼匈奴主力。军臣单于上当后，率十万大军向马邑进发，当走到离马邑只有百余里的地方时，发现沿途牲畜很多，却无人放牧，这引起了单于的怀疑。于是单于命人攻下一处边防小亭，俘获了一名汉军尉史，在胁迫下，尉史将汉军的部署全部说出，单于大惊之下立即下令撤军。就是因为这么一点小小的疏漏，整个马邑之围的计划全部落空。

刘　禅：真是可惜，差一点就能围歼匈奴大军了。是不是只要敌方暴露出漏洞，我们就应该及时加以利用？

诸葛亮：也不尽然。"顺手牵羊"出小力而获大利，容易激发人的贪念，这种贪念也往往容易被敌人利用。敌人可故意露出破绽，引我军上钩，等我军伸手"牵羊"时，再突然出手捉拿。比如，关将军斩颜良之后，袁绍派文丑前来报仇。曹操先是命人抛弃粮草辎重，又抛弃衣甲马匹，袁军见状纷纷"顺手牵羊"，抢夺粮草马匹，军士不依队伍，自相杂乱。

此时曹操命关将军回军掩杀，文丑被关将军一刀斩于马下，袁军大半落水，粮草马匹仍被曹操夺回。再如，当年周瑜在南郡中箭后，顺势诈死，命全军举丧，曹仁本想乘东吴军无主帅、人心丧乱之机出城劫营，来个"顺手牵羊"，结果却中了周瑜的埋伏，被杀得大败。因此，"顺手牵羊"又是极具风险的一计，如果事先没有观察清楚而贪图对方的小利，往往容易中圈套。

刘　禅：原来便宜是没那么容易占的。如果我们把每一个环节都注意到，做到无懈可击，敌人是不是就没办法"顺手牵羊"了？

诸葛亮：大军动处，其隙甚多，组织一支庞大的军队去作战，不可能一点疏漏都没有。有了小的疏漏，被敌人"顺手牵羊"占了点小便宜，也并不一定是坏事，所谓"亡羊补牢，犹未为晚"，这样虽然造成了一点小损失，但及时改正后可以避免更大的损失。怕就怕小的漏洞和隐患一直被掩盖起来，风险不断积累，最终酿成大的祸患。当然，像袁绍这种疏于对乌巢的防守，一上来就犯致命性失误，被敌人狠狠抓住的，就只能自食其果了。

刘　禅：这一计还真是值得琢磨。

打草惊蛇

疑以叩实，察而后动；复者，阴之媒也。

对于存疑的地方要叩问察实，查探清楚方可行动。反复察看询问，是发现隐藏之敌的重要手段。

刘　禅：相父，"打草惊蛇"是怕草丛中藏伏的蛇咬
　　　　到自己吗？

诸葛亮：《孙子兵法》里说，行军路旁如有重险关隘、
　　　　湖沼、芦苇、山林及植被茂盛的地方，必须
　　　　反复搜索，因为这些都是可能藏匿伏兵和奸
　　　　细的地方。所谓"打草惊蛇"，主要是指敌
　　　　方兵力部署尚未暴露、动向不明时，不可轻
　　　　敌冒进，而应先作试探，查清敌军部署情况，
　　　　以免中了敌人的埋伏，就像被藏伏的蛇咬到
　　　　一样。臣出山后初次用兵，就是在博望坡的
　　　　芦苇丛中埋伏兵马，夏侯惇轻敌冒进，未加
　　　　哨探便杀入博望坡中，被我军先用火攻，继
　　　　而关、张二将引伏兵杀出，将曹军杀得大败。

刘　禅："打草惊蛇"就是强调进军之前要先做好侦
　　　　察吗？与三十六计里的其他计策相比，这未
　　　　免也太简单了吧。

诸葛亮：这一计可不简单，除了以防为藏伏的蛇所伤
　　　　外，"打草惊蛇"之计还有其他的用法。

刘　禅：相父请讲。

诸葛亮：一种是"捕蛇"，即捕蛇者不知道蛇之所在时，通过打草的方式，使受到惊吓的蛇蹿出来，再进行捉拿。昔日介子推不愿接受晋文公重耳的封赏，隐居山中。晋文公寻访不见，情急之中，便听信旁人之言，放火烧山，想逼介子推出来，这便是此种情形下的"打草惊蛇"。结果介子推宁被烧死也不肯出来，后来晋文公发现了介子推的尸体，悲痛不已。

刘　禅：介子推在晋文公重耳落难时不离不弃，却在重耳富贵时归隐山林，真是个义士！

诸葛亮：介子推所为，正是臣的志向。臣跟从先帝出山时，嘱咐三弟诸葛均勿使田地荒芜，待兴汉大业一成，臣便归隐田园。望陛下到时候能够准许臣的请求。

刘　禅：相父真乃大汉栋梁，无双国士！可朕一天也离不开相父。

诸葛亮：如今兴汉大业未成，臣定当鞠躬尽瘁，死而后已。说回这一计吧。"打草惊蛇"还有一种用法是"驱蛇"，此时打草更多的是虚张声势，只求将蛇吓跑，不为己害即可。当年我军与曹操在汉水相持时，臣曾命子龙占据水边一土山，一入夜便鼓角齐鸣，曹兵以为我军劫寨，急急出营时，却不见一兵一卒，回营刚要睡下，我军鼓角又起，呐喊震地，令曹兵彻夜不安。如此一连三夜，曹操惊疑不定，全军疲惫不堪，被迫退军三十里。

刘　禅：真乃妙计！可当人们悄悄地从事某件事时，为避免对方惊觉，又会被告诫不要"打草惊蛇"，与这一计岂不是矛盾吗？

诸葛亮：此种情形下我方之目的仍是"捕蛇"，只不过已经发现了蛇之所在，变成了我在暗处，蛇在明处，此时我方应当尽量隐藏自己的位置及行动意图，使对方放松警惕，等候最有利的时机，一击而中。比如在伏击战中，要等到敌军主力进入埋伏圈后，再发起攻击，而在此之前一定要隐蔽好。

刘　禅：原来如此。那当敌人使用"打草惊蛇"之计，意图使我军暴露时，我们应当如何应对？

诸葛亮：对于"蛇"而言，自己藏在暗处，却能够观察对方的一举一动，因而占有信息不对称的优势。因此，应当努力保持住这种优势，沉住气与对方周旋。赤壁之战时，周瑜意图陷害臣，命臣三日内赶造十万支箭。臣夜观天象，知道三日后将有大雾，便想出了"草船借箭"之计。臣请鲁肃预备二十条快船，每条船上扎满草人，至第三日四更时分，一齐驶向曹军水寨。接近曹军水寨后，所有战船一字摆开，擂鼓呐喊。由于当夜大雾漫天，曹操担心有埋伏，便命令向江中放箭以退敌，这也可算作"打草惊蛇"之计。曹操的应对之策固然稳妥，也颇合用兵之道，臣却利用曹操多疑的心理，始终不暴露我军的虚实，使曹操愈发疑惑不定，不断加派弓箭手，白白损失了十万余支箭。

刘　禅：相父的"草船借箭"真可谓神来之笔。听您这么一讲，"打草惊蛇"这一计还真不简单，朕需要好好理一理。

诸葛亮草船借箭

借尸还魂

有用者，不可借；不能用者，求借。借不能用者而用之，匪我求童蒙，童蒙求我。

看上去很有用处的东西，往往不容易驾驭而为己所用；看上去没什么用的东西，有时却请求我借助其发挥作用。借助看上去没什么用的为己所用，就像《易经》蒙卦中所说的，不是我求助于愚蒙之人，而是愚蒙之人有求于我。

刘　禅：　"借尸还魂"这一计听上去有点可怕，像诈
　　　　　尸一样。

诸葛亮：　"借尸还魂"的字面意思是，已死之人的灵
　　　　　魂附在别人的尸体上而得以复活，此说古已
　　　　　有之，但终属虚妄。作为一计，是指利用、
　　　　　支配那些已经消亡或者衰弱的势力，以其名
　　　　　义发号施令，借助其影响力来达到自己的目
　　　　　的。改朝换代之际，经常出现"借尸还魂"
　　　　　之计的应用。比如陈胜、吴广起事时，就打
　　　　　了公子扶苏和楚将项燕的旗号。

刘　禅：　陈胜、吴广为什么要打扶苏和项燕的旗号？

诸葛亮：　扶苏是秦始皇嬴政的长子，为人宽仁聪颖、
　　　　　体恤百姓、敢于直谏，在士民中颇有声望。
　　　　　他因反对"焚书坑儒"触怒嬴政，被发往上
　　　　　郡与大将蒙恬共同守边。秦始皇死后，赵高、
　　　　　李斯等人害怕扶苏即位执政，便伪造诏书，
　　　　　逼令扶苏自裁。项燕是战国末期楚国大将，
　　　　　乃西楚霸王项羽之祖父，曾大败秦将李信，
　　　　　后败于秦将王翦，被迫自杀，楚人很同情他。

陈胜、吴广是戍卒出身，籍籍无名，而扶苏、项燕则名满天下，为世人所怜，更有传闻说此二人未死，于是陈胜、吴广便打起了扶苏、项燕的旗号，凭借他们的影响力，短时间内便聚起了一支庞大的队伍。与此同时，其他反秦势力也纷纷拥立六国宗室的后代为主，并恢复原来国号，也是同样的道理。

刘　禅：原来死人有时比活人还要厉害。

诸葛亮：确实如此。一方面，有道是"百足之虫，死而不僵"，一些人物或势力虽然已经消亡或者衰弱，但在士民中仍有较强的影响力和诸多的支持者，如能利用好这些残存感情和残余势力，便能为自己的行动披上一层正统性、正义性的外衣，迅速发展壮大力量。另一方面，死人相对于活人的最大优势在于，活人的一举一动都看在当世人眼里，处处受到时代的限制，而对死人，后人却可以根据自己的现实需要无限地解释，无限地塑造，无限地神化，对其赋予无穷无尽的意义和力量，所以死人比活人更厉害。

刘　禅：相父说得太精辟了！朕还有一个疑问，既然是"借尸还魂"，那还魂之后的人实际上已不是原来的死者，别人难道看不出来吗？为什么还要相信、跟从"借尸还魂"之人？

诸葛亮：陛下问得好。作为一般的愚蒙之人，可能不知道"尸""魂"之别，但是稍有见识者，就不难看出其中的玄机。秦末时，反秦义军纷纷拥立六国宗室的后代为主，并恢复原来国号，但此时的齐楚燕赵魏韩，已经不是为秦所灭时的齐楚燕赵魏韩，国家的实际权力，并非掌握在原来的宗室手中，而是掌握在义军首领手中，比如楚国的实际掌控者是霸王项羽。作为义军而言，他们的目的是反抗暴秦，人们跟从义军，也是为了推翻暴秦后过上更好的生活，无论有没有原来的"尸"，义军都会揭竿而起，只不过有个旗号方便点罢了。

刘　禅：曹操当年"挟天子以令诸侯"，是不是就是"借尸还魂"之计？

诸葛亮：凡是名义上将兵权归于他人，实际上却由自己指挥的，都属于"借尸还魂"之计的应用。曹操"挟天子以令诸侯"，掌握兵马大权，代汉天子攻守，在政治上就占尽了便宜。谁都知道曹操名托汉相，实为汉贼，但他打着大汉天子的旗号四处征讨，谁与他作对，就相当于与天子作对。行军打仗，最强调师出有名，如此一来，仗还没打，别的诸侯就已经比曹操矮了一截。后来先帝得献帝衣带诏，才得以名正言顺与曹操对抗。

刘　禅：曹贼窃据神器，夺我大汉江山，最是可恶。

诸葛亮：圣人云："名不正，则言不顺。""借尸还魂"正是求名、正名之计。当年曹丕逼献帝禅位，表演了一场天命由汉归魏的大戏。为粉碎曹魏的奸谋，先帝便立即在成都正位，承继汉统，由此正告天下，天命仍在我大汉，曹魏乃是伪朝，使我朝兴师讨逆、抚临四方有了堂堂正正之名。

刘　禅：对，我大汉才是江山正统，天命所归。

曹丕废帝篡汉

第十五计

调虎离山

待天以困之，用人以诱之，往蹇来连。

用自然的条件和情况来困住敌方，用人为的谋略和方法来诱骗敌方，就像《易经》蹇卦中"去时艰难，来时美好"的含义一样，如果我方趋向敌方有困难和危险，则应想办法让敌方趋向我方。

刘　禅：相父，"调虎离山"是指引诱老虎从山中离开，趁老虎不在山中时，再乘虚而入吗？

诸葛亮：这是一种理解。比如赤壁之战后，乘曹仁与周瑜大战之机，臣命子龙乘虚攻占了南郡，又用曹仁兵符诈调荆州、襄阳二城兵马前来救援，这才教关、张二将乘虚袭取了两处城池。但臣以为，三十六计中的"调虎离山"之计，更多的是强调消灭被调出山的老虎本身。您看这一计的解语写道，"往蹇来连"，意思是如果我方趋向敌方有困难和危险，则应想办法让敌方趋向我方。有道是"虎落平阳被犬欺"，当虎在山中时，威风八面，可谓王者，但到了平原之处，失了地利，只能任群犬欺辱。因此这一计是指通过调动敌人使其离开原来有利的地形或据点，再在野战中消灭敌人。当然，如果虎被消灭了，山自然也唾手可得。

刘　禅：直接在山中与老虎决战行不行呢？

诸葛亮：《孙子兵法》中说："上兵伐谋，其次伐交，其次伐兵，其下攻城。攻城之法为不得已。"
攻城，就相当于直接在山中与老虎决战，兵
家认为是最下等的办法，是没有办法的办法。

刘　禅：为什么攻城战是最下等的办法？

诸葛亮：攻城需要做大量的准备工作，包括制造攻城
　　　　器具，围绕城池建造土山等，需要耗费很长
　　　　的时间，而攻城一方往往粮草有限，急于速
　　　　战，主帅根本等不及做这些准备，便命令士
　　　　兵直接攻城。士兵凭借简单的器具，像蚂蚁
　　　　一样攀附而上，损失往往惨重，而城池也难
　　　　以快速攻下。一旦迁延日久，攻城一方必然
　　　　疲惫不堪、士气低落，粮草供应也将出现困
　　　　难，此时防守一方若组织反击，或从别处调
　　　　来援军内外夹击，攻城方就危险了。当年张
　　　　飞将军攻打严颜把守的巴郡时，有人向严颜
　　　　献计说："张飞在当阳长坂，一声喝退曹兵
　　　　百万之众，曹操亦闻风而避之，不可轻敌。
　　　　今只宜深沟高垒，坚守不出。彼军无粮，不
　　　　过一月，自然退去。更兼张飞性如烈火，专

要鞭挞士卒，如不与战，必怒；怒则必以暴
厉之气，待其军士，军心一变，乘势击之，
张飞可擒也。"

刘　禅：哎呀，要是这样三叔不就危险了吗？

诸葛亮：确实很危险。不过张将军用了"调虎离山"
之计，最终生擒严颜，拿下了巴郡。

刘　禅：三叔如何使得"调虎离山"之计？

诸葛亮：张将军在巴郡城下挑战，一连数日，严颜均
坚守不出。后来军士探得有一条小路，可以
绕过巴郡，张将军便故意大叫，命令全军做
好准备，当夜三更从小路行军。严颜派到我
军的奸细探听到这一消息后，立即报与严颜，
严颜便率军在小路设伏。结果张将军率精兵
突袭严颜伏兵，生擒了严颜。

刘　禅：三叔真是有勇有谋！看来直接在山中与老虎
决战确实不行，得把老虎调出山来再打。

诸葛亮：正是。臣北伐中原时，司马懿也总是采取坚
守不出的策略，以待我军粮尽退兵。臣只得
想尽办法，将曹军诱出营来再打。

张飞义释严颜

刘　禅：司马懿还真是个难缠的对手。如何才能让老
　　　　虎离开山呢？

诸葛亮：这一计的解语说得好，"待天以困之，用人
　　　　以诱之"，就是"调虎离山"的具体方法。
　　　　其中"待天以困之"，就是借助天时人谋，
　　　　采用困敌战术，逼敌人出来与我军进行决战，
　　　　或者待其内部产生变乱。官渡之战后，曹操
　　　　率军围攻冀州。冀州经由袁绍经营多年，城
　　　　池坚固，易守难攻，曹操便采纳许攸的计策，
　　　　决漳河水以淹冀州。冀州城中水深数尺，粮
　　　　食断绝，军民饿死无数，人心动摇，后来便
　　　　有人打开城门放曹军进入，冀州陷落。"用
　　　　人以诱之"，就是用敌人希望得到的东西，引
　　　　诱其出战。上面说的张将军引严颜出战，用的
　　　　便是这种方法。臣收服姜维时，也是假装运送
　　　　粮草，诱其出城劫粮，在城外将其降服。

刘　禅：朕明白了，对于占有地利或者其他方面优势
　　　　的敌人，首先消除其优势，再与其进行决战。

诸葛亮：陛下说得好。

欲擒故纵

逼则反兵，走则减势。紧随勿迫，累其气力，消其斗志，散而后擒，兵不血刃。《需》，有孚，光。

对敌人逼迫太紧，敌人反而会拼命反扑；敌人一旦逃跑，气势就会减弱。紧紧跟随而不迫近，消耗其气力，消减其斗志，待敌人成为一盘散沙时再予擒获，兵不血刃就能取得胜利。就像易经《需卦》包含的道理一样，善于等待，就会有收获。

刘　禅：相父，当年您七擒孟获，不就是"欲擒故纵"吗？

诸葛亮：陛下可知臣为什么要对孟获七擒七纵吗？

刘　禅：朕听人讲过，是为了让孟获心服口服，今后不再作乱。

诸葛亮：正是。我军要在战场上消灭孟获并非难事，问题是南疆地处偏远，瘴疠横行，如果我们直接消灭孟获，派兵置吏，将靡费钱粮，难以久持，何况孟获死后难保其他人不再作乱，南方将始终处于动乱之中，我们也无法安心北伐中原。但如果能够收服孟获，便可以利用孟获的影响力和号召力，实现对南疆的稳定控制。所以臣擒住孟获后，故意将他放走，既让他感恩，也让他知道我大汉军威，使其真心归降，不敢再生反叛之心，这就是"欲擒故纵"的道理。

刘　禅：太妙了。所以说"纵"只是手段，"擒"才是目的。但古人有时又强调不能放虎归山、养虎遗患，与"欲擒故纵"这一计是不是矛盾呢？

诸葛亮：陛下问得好！"欲擒故纵"之计既可用于政

诸葛亮一擒孟获

治层面，又可用于军事层面，而在两个层面的应用，有不同的目的和意义。当用于政治层面时，"擒"与"纵"的对象，是我方需要利用和争取的对象，而不是需要消灭的对象，换言之，我方想要"擒"的不是这个人，而是这个人的心。此时使用"欲擒故纵"之计，是通过这种又拉又打的手段，使对方真心归附，为我所用。臣对孟获七擒七纵，就是政治层面的"欲擒故纵"，主要目的是通过孟获掌控南疆。春秋时，吴王夫差将越王勾践围困在会稽山上，最终却接受了勾践的投降，还把勾践放回越国，其实跟臣放回孟获是一个道理，也是希望通过勾践掌握越国。否则如果杀了勾践，吴国直接统治越地，会遭到越国上下的强烈反抗，这样夫差就没办法抽出兵力北进中原，争夺霸主地位了。只不过勾践并未真心归降，表面恭顺，暗中却积蓄力量，趁夫差举全国之力北上赴黄池之会时，乘虚攻破了吴国。

刘　禅：那孟获会不会像勾践那样，趁相父北伐时乘
　　　　虚进攻成都呢？

诸葛亮：孟获不是勾践，南蛮绝非越兵，据远作乱尚
　　　　可，若要跨越千里挥军北上，绝没有这个能
　　　　力。况且臣为防孟获再次作乱，也已做了相
　　　　应安排。夫差之败，败在狂妄自大，对身边
　　　　之敌疏于防备，我们当深以为戒。

刘　禅：这样朕就放心了，那"欲擒故纵"用于军事
　　　　层面呢？

诸葛亮：陛下请看这一计的解语，"逼则反兵，走则
　　　　减势。紧随勿迫，累其气力，消其斗志，散
　　　　而后擒，兵不血刃"，其实就是军事层面的
　　　　"欲擒故纵"，指故意给敌人逃生的希望，
　　　　待其一哄而逃、斗志松懈、疲惫不堪时再乘
　　　　机而动，一举消灭敌人。《孙子兵法》有言，
　　　　"投之亡地而后存，陷之死地然后生"，若
　　　　对敌人逼迫太紧，敌人陷入绝境后反而会拼
　　　　命反扑，以求一线生机，比如项羽的破釜沉
　　　　舟，韩信的背水一战，都是置之死地而后生

的著名战例。但如果给敌人留出一条生路，故意放他们逃跑，敌人就会争相逃命，溃不成军，此时，我军只需紧随其后，待敌人筋疲力尽、士气衰竭时再发动进攻，就可一网打尽。当年先帝刚刚从军时，曾随朱儁进攻据守宛城的黄巾军赵弘、韩忠等部。先帝向朱儁献计说："今四面围如铁桶，贼乞降不得，必然死战。万人一心，尚不可当，况城中有数万死命之人乎？不若撤去东南，独攻西北。贼必弃城而走，无心恋战，可即擒也。"朱儁听从了先帝的建议，假装撤离了宛城东、南两面的人马，一齐猛攻宛城的西、北两面，韩忠果然弃城而逃，结果在半路上遇到先帝及关、张的伏击，韩忠被杀，余众溃散。在军事层面，"纵"是为了"擒"，也即创造战机歼灭敌军，如果最佳战机已经出现，就应当及时把握，彻底消灭敌人，而不能放虎归山。

刘　禅：朕明白了。想不到父皇用兵竟也如此厉害。

诸葛亮：先帝既会用兵，更会用人，不愧为英豪之主。

抛砖引玉

类以诱之，击蒙也。

用与对方希望得到的东西相类同的东西引诱对方，继而打击受到诱惑陷入圈套的愚蒙之人。

刘　禅：相父，"抛砖引玉"的意思是抛出自己的砖，
　　　　引来别人的玉吧，这一计的意思好像比较浅
　　　　显啊。

诸葛亮：这一计确实不难理解。就像钓鱼，通过诱饵
　　　　诱使鱼儿上钩，这也属于"抛砖引玉"。用
　　　　在军事之中，则是指以利诱敌。

刘　禅：如此浅显的计策，为何也能列入三十六计？

诸葛亮：陛下不要小看这一计，有时越是简单的计策，
　　　　越容易使人中计。"抛砖引玉"这一计利用
　　　　的是人们无尽的欲望，只要人有欲望存在，
　　　　这一计就永远有发挥作用的空间。如果抵挡
　　　　不了眼前的诱惑，就有可能中计。

刘　禅：任何人都无法克服诱惑吗？

诸葛亮：圣人也许可以，但是作为芸芸众生，是很难
　　　　克服的。诱惑有大有小，一个人的格局，或
　　　　者说抵抗诱惑的能力也有大有小。格局小的
　　　　人，一点小利就能让其晕头转向；格局大的
　　　　人，面对一般的诱惑不会为之所动，但当面
　　　　前的诱惑足够大时，也能让其做出傻事。当

年先帝在汉水与曹操大战时，我军诈败，故意将马匹军器丢得到处都是，曹操看出其中疑点，禁止士兵捡拾，但底下的士兵见了这些财物，难抵诱惑，纷纷争抢，我军乘势杀了一个回马枪，将曹军杀得大败。在这里面，曹操的格局高，没有中"抛砖引玉"之计，但普通的士兵贪图小利，就中计了。再比如董卓，作为雄霸一方的诸侯，他的格局应该是比较大的，但当其面对帝位的诱惑时也昏头了，内有忿忿不平的朝廷诸臣，外有虎视眈眈的各路诸侯，明明不具备称帝的条件，却轻易接受了王允、李肃等人的劝进，最终在受禅时被吕布杀死。还有袁术，仅仅得到了一方传国玉玺，就忘乎所以，自命皇帝，结果成为天下共敌，旋即被灭。跟他们相比，曹操的格局就大得多。他扫平袁绍、袁术、吕布，据有北方半壁天下，可以说具备了称帝的条件，但他始终以汉臣自居，用汉帝的名义东征西讨，这是不容易做到的。

刘　禅：父皇和曹操相比，谁的格局更大？

诸葛亮：曹操曾说，"夫英雄者，胸怀大志，腹有良
　　　　谋，有包藏宇宙之机，吞吐天地之志者也"，
　　　　又说，"天下英雄，惟使君与操耳"。曹操
　　　　称先帝和自己为英雄，不是讲他二人的文才
　　　　武略天下无敌，而是他二人的心胸与格局，
　　　　在众多的诸侯中无出其二人之右者。

刘　禅：使用"抛砖引玉"之计，如何才能更容易使
　　　　人上当？

诸葛亮：问得好。"抛砖引玉"乃是诱敌之计，但这
　　　　一计真正强调的，不仅仅是以利诱敌，而是
　　　　如何以利诱敌。诱敌的方法有很多，越是抽
　　　　象的、似是而非的，敌人越不容易上钩，而
　　　　越是具体的、可感知的、可类比的，敌人越
　　　　容易上钩，即此计解语中所讲的"类以诱之"。

刘　禅：朕还是不太懂，您能举个例子吗？

诸葛亮：战国时，秦国的商鞅为了推行变法，担心民
　　　　众不信，便在栎阳城的南门立了一根木头，
　　　　规定谁能把木头扛到北门，就可以获得十金

的奖励。大家都感到奇怪，谁也不敢动。后来赏赐提高到五十金，有一个人抱着试试看的心态，把木头扛到了北门，果真得到了赏金。民众由此知道，商鞅公布的法令，都是有公信力的，变法遂得以推行。由此可见，如果仅仅通过抽象的法令引导民众去干某件事，民众就会心存怀疑，而如果通过具体的事例，让民众真真切切地看到，他们就更容易被国家意志所引导。所谓的"类以诱之"，就是这个道理。

刘　禅：原来如此。"类以诱之"的道理朕懂了，那在具体使用中，应当选择何种事物作为"砖"呢？

诸葛亮：关于诱饵的选择，有两点需要注意：第一，要舍得下本钱，诱饵的分量不够，敌人就不会上当。所抛出的诱饵，必须是敌人急切希望得到的，敌人欲得之心越强，就越容易上当。夏侯惇杀奔新野之时，先帝亲自率军诈败诱敌，引得夏侯惇紧追不放，结果在博望坡被我军一把火烧得死伤惨重。第二，要把握好度。本钱下得越大，诱饵的价值越高，对方越容易上当，但若是为了引敌人上钩，而一味加大诱饵的价值，超出了自己能够控制的限度，反而有可能得不偿失。当年周瑜意图以孙夫人为饵，将先帝诱至江东杀害，而他没有想到，无论是孙夫人还是吴国太，都不是他能够掌控的，以先帝之明睿，更不是他能够掌控的，结果先帝不但娶回了孙夫人，还让周瑜损兵折将，这就是"赔了夫人又折兵"。

刘　禅：如若不是周瑜出此计策，没准父皇还娶不到母亲呢。可惜母亲被骗回东吴，朕再也无法与她相见。

诸葛亮：周瑜本想来个"抛砖引玉"，没想到自己却当了一回月老，先帝和孙夫人确实是有缘啊。

刘备续佳偶

擒贼擒王

摧其坚，夺其魁，以解其体。龙战于野，其道穷也。

摧毁敌军最强大的部分，夺获敌方的首脑，以彻底瓦解敌军。此时的敌军就如同《易经》坤卦中所说的陷在原野里困斗的龙一样，到了穷途末路。

刘　禅：相父，"擒贼擒王"是说捉贼的时候要先捉
　　　　拿贼首吧？

诸葛亮：正是。常言道"鸟无头不飞，蛇无头不行"，
　　　　行军打仗讲究令行禁止、以上率下、整齐划
　　　　一，全军的行动都依赖于主帅的命令，如果
　　　　发出命令的主帅被擒杀了，整个军队的指挥
　　　　就会陷于瘫痪，士兵会乱作一团。

刘　禅：真是妙计啊！要是能一下子擒杀敌军首领，
　　　　再对付敌军就容易多了。

诸葛亮：当年马超将军在潼关大败曹操，认准了曹操
　　　　奋勇追杀，正是要"擒贼擒王"，一则报父
　　　　亲之仇，二则曹操若死，曹军必败。直逼得
　　　　曹操割须弃袍，要不是被曹洪所救，只怕早
　　　　就被马超将军一枪刺死了。

刘　禅：真是可惜，就差那么一点点。

诸葛亮：是啊，错失了一次擒杀曹操的好机会。不过
　　　　曹操险些命丧马超之手，主要是由于轻敌大
　　　　意，实际上要想在万军丛中取上将首级绝非
　　　　易事。陛下您想，主帅对于一支军队如此重

曹操割须逃命

要，任何军队都会想方设法加强对主帅的保护，不让对方有"擒贼擒王"的可乘之机。所以像马超将军那样在两军阵前追杀曹操，实在是可遇而不可求的机会。

刘　禅：相父说得对。"擒贼擒王"的后果这么严重，当然要事先加以防范，加强对首脑的护卫。那这样的话要如何使用这一计呢？毕竟就像您说的，像马超将军在两军阵前追杀曹操那样的情况真的很难遇到。

诸葛亮：那就要利用对方的疏漏，或者创造机会接近对方主帅，又或者收买对方主帅的左右亲信，让他们下手。比如，春秋时吴国的阖闾意图刺杀吴王僚夺取王位，就让刺客专诸假扮厨师，借上菜之机接近吴王僚，取出藏在鱼腹中的鱼肠剑，将其刺死。再比如，董卓坐拥西凉精兵、虎将吕布，十八路诸侯也奈何不得，结果王允利用貂蝉挑拨吕布与董卓的关系，将吕布争取过来为己所用，就在董卓准备篡位的时候，吕布一戟刺死他。董卓一死，

手下的兵马也就散了。要不是贾诩多嘴，让
李傕、郭汜等重新聚拢了人马杀回长安，乱
局可能早就平定了。

刘　禅：哦，朕懂了。"擒贼擒王"之计妙是妙，但
真要用起来还是要费一番心思啊。听了您举
的例子，朕也想到了"荆轲刺秦王"的典故，
荆轲刺杀秦王，不就和专诸刺杀吴王僚使的
是同样的手段吗，一个把匕首藏在地图里，
一个把剑藏在鱼腹中。

诸葛亮：荆轲与专诸，确实采用了相同的办法，但结
果却完全不同。

刘　禅：您是说专诸行刺成功了，荆轲没成功吗？

诸葛亮：不完全是。专诸刺杀吴王僚后，阖闾顺势夺
取了王位，但荆轲即便刺杀了秦王，六国也
未必能免于灭亡的命运。陛下试想，即便嬴
政遇刺，秦国的宗室和大臣也会拥立一位新
的秦王，秦国依然会奉行法家的制度，依然
会执行攻灭六国、一统天下的国策，王贲、
王翦、蒙恬、李信这些猛将仍在，六国最多只

能延数岁之命，却难以阻挡秦国一统之大局。

刘　禅：相父，这又是什么道理呢？为什么同样是"擒
　　　　贼擒王"，"王"被擒杀后，差别却这么大。

诸葛亮：因为在不同的组织体系中，"王"或者说首
　　　　脑的定位、意义是不一样的。有的"王"是
　　　　这个组织体系中的核心和灵魂，是权力、智
　　　　慧和凝聚力之所在，比如一支军队中的主帅，
　　　　如果这个核心被摧毁了，而且短时间内没有
　　　　新的人及时补充他的位置，整个组织就会陷
　　　　入混乱。而有的"王"只是作为一个组织中
　　　　最高权力的代表，更多的是象征性意义，并
　　　　且"王"被擒杀后，基于这个组织的权力继
　　　　承规则，马上会有新的"王"代替他，组织
　　　　整体的秩序不会因为"王"的更迭而产生大
　　　　的变动，对于这样的组织体系，使用"擒贼
　　　　擒王"这一计策的意义就不是太大了。

刘　禅：原来如此。看来使用什么计策要视具体情形
　　　　而定啊，多谢相父教诲。

釜底抽薪

不敌其力，而消其势，兑下乾上之象。

不要直接与敌人力量最强的部位对抗，而要先消减敌人的"势"，即产生"力"的源泉和基础。正合《易经》履卦兑（泽）在下、乾（天）在上，以柔克刚之象。

刘　禅：相父，"釜底抽薪"是从烹饪中悟出的计策吗？

诸葛亮：陛下，假若有一口釜，里面煮着沸汤，有什么办法让沸汤止沸呢？

刘　禅：可以把釜里的汤不断地舀起来，再倒回去，这样汤的温度就降低了。

诸葛亮：这是个办法。但这样做非常费力，而且一旦停止舀汤的动作，汤很快又会沸腾起来。

刘　禅：还可以往釜里加注凉水。

诸葛亮：这也是个办法，可是过一会汤又会煮沸了。

刘　禅：噢，朕明白了，把釜底之薪抽走，沸汤失去了燃料，自然就冷却了。

诸葛亮：正是。秦相吕不韦编的《吕氏春秋》中说，"夫以汤止沸，沸愈不止，去其火则止矣"，说的就是这个道理。这一计若用在行军打仗上，是说面对实力强大、气势方盛的敌人，不宜直接与其交战，而要想办法破坏支撑其力量的人力、财力、物力等物质基础，待敌人的力量和气势消解后，再打击敌人。

刘　禅：这一计很妙，再厉害的军队，三天不吃饭，
　　　　也没劲打仗。

诸葛亮：陛下明鉴。所谓"兵马未动，粮草先行"，
　　　　只要粮道一断，大军必败无疑。曹操破袁绍、
　　　　克冀州，都是用这个计策取胜的。赤壁之战
　　　　时，周公瑾故意引曹操火烧乌巢之例，让臣
　　　　带关、张、赵去聚铁山断曹操的粮道。曹操
　　　　多谋，平生惯于断人粮道，深知"釜底抽薪"
　　　　的厉害，必然在聚铁山安排重兵把守，臣岂
　　　　不知这是周郎的"借刀杀人"之计？于是臣
　　　　故意激周公瑾说，他让臣应战，是因他不懂
　　　　陆战。公瑾闻言大怒，要亲自带兵往聚铁山，
　　　　被臣与鲁肃劝住。

刘　禅：周瑜的心思岂能瞒得过相父。除了让敌人没
　　　　粮吃，没钱用，还有其他"釜底抽薪"的方
　　　　法吗？

诸葛亮：有。战国时秦将白起在长平之战后，坑杀赵
　　　　国降卒四十万，几乎杀光了赵国的青壮年男
　　　　人，使赵国再也没有能力与秦国对抗，这是

从人力上"釜底抽薪"。后来，项羽坑杀了秦国二十万降卒，也是同样的道理。当然，人没了，粮食和财富也生产不出来，土地也守不住，这才是最要命的。

刘　禅：太残忍了。说到这里，朕有一个疑问，为什么战国时杀降之举如此常见，而自我大汉高祖以来，却几乎没听说有杀降的事？

诸葛亮：陛下问得好。战国之时，国与国间交战频繁、界限分明，一个赵国士兵，生而忠于赵国，即便被秦国俘虏，也不愿为秦国服务，一旦放归赵国，立刻会拿起刀枪，继续与秦国作战，对秦国而言，只有将他们杀了，才能彻底消除抵抗力量。而我大汉一统天下，天下的人，都是大汉子民，不再有秦国人、赵国人、齐国人、楚国人之分，即便身处乱世，为不同的主公而战，彼此也没有截然的对立和刻骨的仇恨。这样一来，一方势力打败了另一方势力，完全可以将其残余力量收为己用，何必要杀降呢？比如，刘琮投降曹操后，十数万荆襄水军转眼就成了曹操的水军，加入赤壁战局。赤壁战后，原本归入曹营的荆襄残军，又被先帝所收拢。我大汉传世四百余年，大一统的观念早已深入人心，这正有利于陛下北伐中原，匡扶汉室，混一天下啊。

刘　禅：原来如此。

诸葛亮：另外，历来打仗讲究出师有名，如果能够从道义方面攻击对方，使其失去出师所恃之名，或者说道义基础，也属于"釜底抽薪"。

刘　禅：这个朕就有点不太理解了，相父能举个例子吗？

诸葛亮：臣一出祁山之时，魏主曹睿派大都督曹真和司徒王朗率军拒战。王朗不自量力，竟在阵前指摘臣不识天命，不识时务，兴无名之兵，并劝臣投降，结果被臣一番痛骂，死于两军阵前。王朗本想以"釜底抽薪"之计乱我军心，沮我士气，臣同样以"釜底抽薪"之计，直斥曹魏篡逆悖乱之举，王朗奴颜婢膝之行，

诸葛亮骂死王朗

让魏军落得出师无名，士气大为受挫。

刘　禅：朕也早有耳闻，想相父在阵前慷慨激昂，骂
死王朗，着实让人痛快！相父真是厉害。

诸葛亮：不是臣厉害，而是王朗之流着实无耻，让人
不由愤慨。桓、灵以来，正是奸臣太多，导
致汉室倾颓。愿陛下以此为鉴，亲贤臣，远
小人，重振我大汉声威。

刘　禅：谨遵相父教诲。

浑水摸鱼

乘其阴乱，利其弱而无主。《随》，以向晦入宴息。

趁敌人内部发生混乱时，争取和招揽其中没有主见、犹豫不定的部分。就像《易经》随卦中所说的，人要顺从天时的变化去作息，到了夜晚就要休息一样。

刘　禅：相父，"浑水摸鱼"是从摸鱼中悟出的计策
　　　　吧？朕只钓过鱼，却没在水里摸过鱼。

诸葛亮：臣在南阳躬耕时，倒也曾与乡民一起摸过鱼。
　　　　陛下可知摸鱼的窍门吗？摸鱼时，多人合作，
　　　　将鱼赶至浅水，然后把水搅浑，鱼儿在浑水
　　　　中被搅得惊吓不已、晕头转向、进退失据，
　　　　就容易被捉到了。

刘　禅：这不过是摸鱼的技巧，怎么也成了一条计策？

诸葛亮：陛下可千万不要小瞧这条计策，先帝得荆州，
　　　　取西川，打下三分之天下，正是用了这一计。

刘　禅：啊！相父请快说与朕听。

诸葛亮：置身时局之人，何异于身处池沼之鱼？浑水
　　　　之中，鱼儿吓得六神无主，乱世之中，人同
　　　　样会惊慌失措、失去主见，对于这样的人、
　　　　这样的队伍，就应当乘机争取过来，收入彀中，
　　　　这就是"浑水摸鱼"这一计的道理。想那荆州，
　　　　北拒汉沔，东连吴会，西通巴蜀，乃天下要冲，
　　　　正处在曹、刘、孙三方势力之间。曹操南下
　　　　时，刘琮、蔡瑁等屈膝将荆州拱手献给曹操。

赤壁大战后，曹操率残部北返，留下的荆州军民士庶正处在依违无主、惊慌不定之际，如同浑水中的鱼一般，先帝趁此良机，迅速攻取了南郡、襄阳、桂阳、武陵、长沙等地，几乎未遇大的抵抗，就平定了荆州大半。

刘　禅：那取西川呢？

诸葛亮：也是一样的道理。刘璋暗弱无能，听说张鲁要攻打西川，便慌了手脚，像浑水中昏了头的鱼一般，邀请先帝入川相助。先帝顺势提兵入川，广施恩惠，争取民心，并得到张松、法正、孟达等人襄助，遂攻占了西川。

刘　禅：没想到这一计竟是我立国之计，可真是不敢小觑了。但这一计具体要怎么使用，朕还是不太明白，请相父再说说吧。

诸葛亮：先帝取荆州、西川所使的"浑水摸鱼"之计，更多是利用别人把水搅浑的时机，比如搞乱荆州局势的是曹操，让刘璋陷入混乱的是张鲁，先帝则乘乱取利。实际上，使用"浑水摸鱼"之计，既可以利用别人把水搅浑的机会，也可以自己动手把水搅浑，水搅得越浑，鱼就越惊慌，越急于寻求生路，也就越容易被捉到。当年马超被曹操打败后投奔了张鲁，又奉张鲁之命援救刘璋，与先帝交战，同张飞将军在葭萌关大战数百回合，不分胜负。先帝起了爱才之心，命臣设计收服马超。臣便用了"浑水摸鱼"之计，派人贿赂张鲁的谋士杨松，逼令马超在一个月内做三件事：一要取西川；二要刘璋首级；三要退荆州兵。这三件事马超一件也做不到，只好退兵回汉中。杨松又进谗言使张卫分七路军坚守隘口，不放马超兵入。于是马超夹在先帝、刘璋、张鲁三方之间进退不得，无计可施。此时臣再遣李恢赴马超军中劝降，正愁无路可走的马超便欣然归降。

刘　禅：朕懂了。想不到马超将军归降也是这一计之功。

诸葛亮：说起来曹操也颇善运用这一计。赤壁之战前，曹操给孙权修书一封，写道："近者奉辞伐罪，旌麾南指，刘琮束手。今治水军八十万众，方与将军会猎于吴。"曹操写这封信，

《三國》六十五回，馬超稿坐帳中不動，叱李恢曰：汝來為何？恢曰：特來作說客。超曰：吾理中寶剣新磨，汝試言之，其言不通，便請試劍。恢笑曰：禍不遠矣，但恐新磨之劍不能試吾之頭，將欲自試也笑。

丙申年作三國人物圖　壑邨丁酉

李恢劝降马超

135

正是用了"浑水摸鱼"之计，通过对东吴进行恫吓，意图使东吴人心纷乱，并争取其中不愿抵抗者。而东吴的一众文官果然纷纷劝孙权投降曹操。

刘　禅：这个朕知道，当年相父舌战群儒，面对的就是这一帮人。

诸葛亮：这一帮腐儒，面对强大的敌人，只想投降后保全自己的利益，心中哪里有半分主公，哪里有江东的黎民百姓，臣平生最看不起的就是这些人。倒是周瑜、程普、黄盖等人，坚决反对降曹，历陈胜曹理由，使孙权下定决心抗曹，这才是真正的社稷之臣、国之栋梁。

刘　禅：周瑜不是您的对头吗，怎么您对周瑜的评价这么高？

诸葛亮：臣对周公瑾的雅量高志、文武筹略、谋国之忠，一向甚是佩服。若不是与公瑾各为其主，真想与他把酒言欢、纵论天地。可惜公瑾死后，天下少了一个知己。

刘　禅：是啊。知音难觅、知音难觅……

金蝉脱壳

巽而止，《蛊》。

存其形，完其势；友不疑，敌不动。

保持原有形态，摆出原有的阵势；友军不会怀疑，敌军也不敢擅动。正合《易经》蛊卦艮上巽下、山下有风之象，看似山不动，实际风在不停地运动。

刘　禅：相父，"金蝉脱壳"的事朕知道，记得有一
　　　　年在荆州，父皇还陪朕一起看过呢，知了猴
　　　　破土而出后爬到树上，蜕去原来的外壳，生
　　　　出翅膀振翅而走，只留下空壳挂在枝头。对
　　　　了，听说那空壳叫蝉蜕，是一味药，能够散
　　　　热明目。怎么这也是一条计策？

诸葛亮：这是一条讲虚虚实实的计策。远远一看，蝉
　　　　蜕挂在树上，让人以为它还在，实际上金蝉
　　　　早已脱壳飞走了。用在行军打仗中，这一计
　　　　是指表面上保持原来的阵势部署不变，让敌
　　　　人的注意力停留在原处，实际上我方主力已
　　　　经悄悄转移，去执行其他任务。

刘　禅：朕懂了，小时候朕与二弟（鲁王刘永）、三
　　　　弟（梁王刘理）还有关兴、张苞他们玩捉迷
　　　　藏，朕把衣服披到林中一块石头上，然后藏
　　　　到别处，他们找了半天只找到朕的衣服，朕
　　　　却乘机悄悄从另一条路回到家中，等到他们
　　　　垂头丧气地回来，朕都吃完饭了。

诸葛亮：陛下圣明，您用的"金蝉脱壳"之计，堪比

孙坚。

刘　禅：哦？真的吗，相父快给朕讲讲。

诸葛亮：当年十八路诸侯共同讨伐董卓，孙坚率军杀
　　　　至汜水关前，董卓派出华雄迎敌。那华雄也
　　　　是一员猛将，乘夜袭破孙坚大营，并一路追
　　　　杀孙坚。这时，孙坚部将祖茂看到孙坚的赤
　　　　帻（红色头巾）过于醒目，容易被追兵认出，
　　　　便让孙坚把赤帻换给自己，从小路逃走。祖
　　　　茂戴着赤帻引开华雄，然后把赤帻挂在一根
　　　　柱子上，自己躲入旁边林中。华雄军在月下
　　　　远远看到赤帻，四面围定，不敢近前，用箭
　　　　射之不动，方知是计。这时祖茂从林后杀出，
　　　　却被华雄一刀斩于马下。

刘　禅：孙坚、祖茂的办法，和朕的几乎一模一样啊。
　　　　那祖茂虽然本领低微，但舍身护主，忠义之心
　　　　着实让人敬佩。想不到华雄如此勇猛，后来片
　　　　刻便被二叔斩杀，二叔真乃神人！那到了战场
　　　　上，"金蝉脱壳"是专门用来保命的计策吗？

诸葛亮：陛下说的"保命"，是使用"金蝉脱壳"之

温酒斩华雄

计的一种情形，比如退兵之时，必须虚张声势，缓缓而退，让敌人摸不清虚实不敢轻举妄动，才能全身而退。春秋时，楚国的公子元率军攻打郑国，郑国向齐、鲁两国求救。公子元认为打不过三国联军，又担心撤退之时郑军会随后追杀，便命令营帐不拆、旗幡不动，乘夜悄悄撤退，等到郑军发觉时，楚军已经离开了郑国。此外，"金蝉脱壳"也能用来克敌制胜。比如在意图进取时，将队伍伪装成未作任何调动的样子，将正面敌人吸引在原地，暗中却将主力调出分击敌人。当年曹操亲自领兵至黎阳与袁绍对峙，担心先帝从徐州夹攻，便派刘岱、王忠二将打着"丞相"旗号，前来攻打徐州。这正是"金蝉脱壳"之计，蝉蜕去了徐州，曹操的真身却去了黎阳。

刘　禅：曹操竟然对咱们用了这一计，后来怎么样了？

诸葛亮：曹操这一计被陈登识破了。陈登对先帝说，曹操诡计百出，必以河北为重，亲自监督，却故意不建旗号，反而叫刘岱、王忠虚张旗号，曹操必定不在徐州。先帝听了陈登的意见，便派关、张二将出战，结果关将军生擒了王忠，张将军生擒了刘岱。可惜袁军内部矛盾重重、按兵不动，否则先帝击破刘岱、王忠后，与袁绍南北夹击，必能打败曹操。

刘　禅：看来"金蝉脱壳"之计一旦被识破，用计的一方危险得很哪。

诸葛亮：陛下所言甚是。蜕皮羽化的几个时辰，是蝉身体最为柔嫩、也最缺乏抵抗力的时期，在这个时候若被敌人发现，那就糟糕了。因此使用"金蝉脱壳"这一计，一方面要做好隐蔽伪装工作，不让自己的真实行动被敌人发现，另一方面要尽量缩短"脱壳"的时间，迅速完成行动。

刘　禅：多谢相父，朕懂了。真没想到儿时的游戏，居然也是战场上的用兵之计。

诸葛亮：三十六计源自世间万事万物相生相克的道理，它就在我们身边。

关门捉贼

小敌困之。《剥》，不利有攸往。

对于小股或弱小的敌人，要采取围困的办法。就像《易经》剥卦中所说的，直追远赶，干事不利。

刘　禅：相父，"关门捉贼"的意思是不是说，把入室
　　　　之贼关到屋里，让他无法逃走，然后再行捉拿？

诸葛亮：是的。"关门捉贼"是指为防止敌人逃走，
　　　　对敌人实行四面包围、聚而歼之的策略，让
　　　　敌人处在"人为刀俎，我为鱼肉"的被动局面。

刘　禅："关门捉贼"后，敌人固然会成为俎上的鱼
　　　　肉，任人宰割，但如何将贼人关在门中，才
　　　　是这一计的关键吧？

诸葛亮：不错。《孙子兵法》云"十则围之"，就是
　　　　说有十倍于敌人的兵力，才可以包围敌人。
　　　　但实战中如此悬殊的兵力对比极为罕见，如
　　　　果能够借助天时、地利，形成对敌人封锁包
　　　　围的局面，也能用好这一计。当年臣南征孟
　　　　获时，利用盘蛇谷地形火烧藤甲军，就是用
　　　　的"关门捉贼"之计。孟获屡败于我军后，
　　　　向乌戈国国主兀突骨借来三万藤甲兵相助。
　　　　那藤甲刀枪弩箭皆不能入，唯独怕火，臣便
　　　　让魏延半月之内连输十五阵、弃七个营寨，
　　　　将藤甲军诱入盘蛇谷中，然后命人用横木乱

石阻断谷口，再以火攻，将三万藤甲兵全部烧死在谷中。此役虽获大胜，但杀戮太重，臣每每回想都于心难安。

刘　禅：相父乃是为国尽忠，有功于社稷，只怪那孟获一再负隅顽抗，才造成了这么多伤亡。不过这藤甲兵确实厉害，要不是借助盘蛇谷的地势运用火攻，还真不好对付。

诸葛亮：正所谓"天时不如地利，地利不如人和"。赤壁之战中，曹操八十三万大军，不啻孙刘联军十倍，但是由于大江阻隔，无法对联军施以"十则围之"之策，加上时值隆冬，士卒多病、军心浮动，曹操兵马虽多，却天时地利人和全失，结果一败涂地。由此观之，这一计其实也包含着治国的道理。孟子云"民贵君轻"，若是为君者残害百姓，天下人不堪其苦群起而攻之，届时天地为屋宇、暴君为民贼，为君者反倒身陷"关门捉贼"之计中，落得秦二世、王莽一般下场。陛下可要切记，务必要行仁政、求人和。

火烧藤甲军

刘　禅：相父所言，令朕警醒。朕还有一个疑问，"关
门捉贼"讲究四面围住、不留缺口，但兵书
上又说"围三缺一"，围住三面、留下一面，
两者不是矛盾吗，这又是什么道理呢？

诸葛亮：好问题！"关门捉贼"与"围三缺一"两者
并不矛盾，只是适用的情形不同。"围三缺
一"主要是针对防守坚城的敌人，如果我军
直接攻城，伤亡必大，而要是网开一面，敌
人看到有路可逃，防守的意志就会松懈，这
时我军再攻城，敌人就有可能弃城而逃，我
军攻占城池就更加容易，同时也可以在敌军
逃跑的道路上设置伏兵将其消灭，此乃"欲
擒故纵"之法。而"关门捉贼"主要是针对
小股敌人，或者有可能逃走的敌人，通过阻
其退路的方式聚而歼之。

刘　禅：原来如此。"关门捉贼"之计如此厉害，那
被关在门内之贼就一点办法也没有，只能任
人宰割了吗？

诸葛亮：正是因为这一计如此厉害，所以贼人往往都

是结伙作案，有的负责入室行窃，有的负责在外面把风，一有风吹草动赶紧通知屋里的人撤离，避免被堵在屋内。在行军打仗中，道理也是一样，要事先侦察好前方和周围的形势，安排好接应的部队，避免被对方包围。当然，这主要是从预防的角度说的。如果已经陷入"关门捉贼"的境地，也未必没有生路，要根据实际情况想尽办法积极自救，置之死地而后生。援军相隔不远，则应固守待援；兵力与敌方相差不是过于悬殊，且军心未散，则应拿出勇气与敌方"背水一战"；还可以通过制造混乱、分化敌军等方式，为突围创造条件。当年高祖被冒顿单于围困于白登，危急之中，谋士陈平收买了冒顿单于的阏氏，让她在冒顿单于面前进言，结果冒顿单于听了阏氏的话，打开了包围圈的一角，高祖才得以全身而退。

刘　禅：好险啊！想不到我大汉四百余年之天下，居然因匈奴阏氏一言而保全。

诸葛亮：何止这位阏氏，昭君出塞，熄边境之烽火；

貂蝉献身，除朝中之奸凶。这些奇女子，都

是有功于我大汉的人啊。

远交近攻

形禁势格，利从近取，害以远隔。上火下泽。

受到客观形势的限制和阻碍，攻取靠近己方的目标有利，攻取远离己方并且中间还隔着其他势力的目标有害。对待远近不同之敌，要采用截然不同的策略，就像《易经》睽卦所表现的水火之间相互乖离之象一样。

刘　禅：相父，"远交近攻"是什么意思，您教过朕
　　　　要"亲贤臣，远小人"，那么对越亲近的人，
　　　　不是越应处好关系吗，怎么又要结交远的、
　　　　对付近的，这可把朕弄糊涂了。

诸葛亮："远交近攻"是处理国与国之间，或者说不
　　　　同的势力之间的关系时使用的策略，与处理
　　　　内部关系的原则和方法是不同的。"远交近
　　　　攻"是战国时秦相范雎为秦国制定的一条策
　　　　略。范雎曰："王不如远交而近攻，得寸，
　　　　则王之寸；得尺，亦王之尺也。"秦灭六国，
　　　　正是靠的这一策略。

刘　禅：朕还是不太懂，为什么要先攻打离得近的，
　　　　先攻打离得远的不行吗？

诸葛亮：陛下还记得烛之武退秦师的故事吗？春秋
　　　　时，秦国和晋国联合攻打郑国，郑国眼见难
　　　　以抵挡，便派烛之武去游说秦伯。烛之武告
　　　　诫秦伯说，秦、郑之间隔着晋国，即使灭掉
　　　　了郑国，秦国也难以越过晋国有效控制所夺
　　　　取的土地，郑国的土地势必将全部被晋国得

去，到时候秦国白白为他人做嫁衣不说，晋国吞并郑国后实力更加强大，对秦国就越危险，还不如留着郑国作为秦国盟国，用来牵制晋国和东方各国。秦伯一听，立即与郑国结盟后退兵。

刘　禅：原来如此。这下朕终于明白了，太远的地方，即便打下来，也很难守得住、管得好，还不如从近处入手，一口一口地吃，步步为营。

诸葛亮：陛下说的是。"远交近攻"中的"远"和"近"其实不单单指地理距离的"远"和"近"，也可以理解为利害关系的大小，或者说敌对程度的轻重，要联合与自己敌对程度轻、利害关系小的，对付与自己敌对程度重、利害关系大的。战国时，魏国派庞涓攻打赵国，赵国向齐国求救。本来魏国和赵国打仗，看起来跟齐国没什么关系，但齐王却让田忌和孙膑援助赵国，陛下知道是什么道理吗？

刘　禅：一定是孙膑恨庞涓坑害了自己，才求齐王出兵对付魏国的。

诸葛亮：可能有这个因素在里面，更重要的是，魏国经李悝变法后，国力强盛，四处扩张，魏国打败赵国后，下一个目标可能就是齐国，齐国出兵既是救赵国，也是自救。此时对于齐国而言，赵国就成为了自己"远交"的对象，魏国就成了自己"近攻"的对象。从广义上讲，凡是拉一派或者支持一派，打另外一派的做法，都属于"远交近攻"的范畴。两线作战或者多线作战历来都是兵家之大忌，所以要集中力量攻打某一方势力时，必须要稳住其他势力。比如当年先帝屯驻小沛、吕布占据徐州时，袁术意欲攻打先帝，又恐吕布相助，便使出"远交近攻"之计，命人给吕布送去粮食，请吕布按兵不动。结果吕布与陈宫看破了袁术的计谋，来了一场辕门射戟，逼得袁术大将纪灵不得不退兵。

刘　禅：听说那吕布有勇无谋，居然也能识破袁术的计策。

诸葛亮：吕布虽然有勇无谋，但身边的陈宫却是很厉

吕布辕门射戟

害的谋士。更何况"远交近攻"之计并不难识破，只要不是利令智昏，还是能够分清敌友、轻重的。

刘　禅：相父，那如果要使用"远交近攻"这一计，是不是必须与"远"的一方有共同的利益或者共同的敌人才可以？

诸葛亮：有了共同利益，或者共同的敌人，当然更容易与之结交。但国与国之间从来就没有永恒的朋友，也没有永恒的敌人，该"交"还是该"攻"，一切因时因势而定。就如同当今之三分天下，赤壁之战时，曹操的势力大，是孙、刘两家共同的、最大的威胁，两家便联合抗曹；先帝夺取荆州、西川、汉中，关将军攻拔襄阳、水淹七军后，势头正盛，为曹操、孙权所忌，曹、孙两家又联合起来夹攻关将军；先帝驾崩后，曹丕趁机约集东吴等四路人马围攻西川，臣遣邓芝出使东吴，向孙权说明两国唇齿相依的道理，孙、刘两家重又联合抗曹。

刘　禅：上次曹魏约五路大军来犯，着实把朕吓得不轻。幸亏相父智谋过人，安居平五路，略施谋略就化险为夷。

诸葛亮：陛下过誉了。五路大军不是简简单单靠一点谋略就能退去的，更多是大势使然。就比如说东吴这一路，唇亡齿寒的道理就摆在那里，孙权又是个明白人，邓芝出使，其实正中他的下怀。

刘　禅：多谢相父，朕懂了。

假道伐虢

两大之间，敌胁以从，我假以势。《困》，有言不信。

对于夹在敌我两大势力之间的弱者，当其受到敌方的胁迫时，我方应以援助该弱者为名，借机实现自己的战略意图。此时弱者的处境就像《易经》困卦中所说的，本想借助别人的力量脱离困境，反而会陷入更加深重的困境中。

刘　禅：相父，"假道伐虢"好像是个历史典故吧？

诸葛亮：不错。春秋时，晋献公想吞并临近的虞国、虢国，但两国唇齿相依，互为犄角。于是大臣荀息向晋献公献计，以宝马美玉贿赂虞公，要求借道虞国攻打虢国。虞公财迷心窍，不顾大臣劝阻，欣然同意。结果晋军攻灭虢国后，在经虞国回师途中，又发起突袭，灭了毫无防备的虞国。将这个典故用作一计的话，则为"借此图彼，别有用心"之意。

刘　禅：这一计好厉害，竟能取得一箭双雕的效果。

诸葛亮："假道伐虢"之计实际上包含了三方主体，即假道者甲、假道者实际上或名义上的敌人乙、被假道者也即道路的主人丙。根据甲方假道目的的不同，使用这一计可以分为三种情形，陛下不妨一猜。

刘　禅：相父考朕呢。像是"假道伐虢"的典故中，晋献公既通过假道灭了虢国，又在回师途中灭了虞国，这算是一种情形吧？

诸葛亮：陛下说得好。第一种情形，正是甲既谋乙，也谋丙。此时甲先假道丙境对付乙，回师途中再对付丙，或者假道丙境时先对付丙，拿下丙后再对付乙。当年先帝受刘璋之请入川，先击退张鲁，又降伏刘璋，正是此种情形。

刘　璋：那另外两种情形，是不是甲只谋乙，或者甲只谋丙？

诸葛亮：陛下圣明。甲只谋乙时，主要是为了军事行动的方便而向丙借道，以便从乙意想不到的方向发起进攻。战国时，赵武灵王经过"胡服骑射"的改革，国力大增，想要进攻秦国。但秦国据有函谷关之险，易守难攻，六国联军曾惨败于函谷关下，赵武灵王便制定了"西北略胡地，而欲从云中、九原直南袭秦"的战略计划。按照赵武灵王的设想，赵国首先从匈奴手中夺取位于草原的云中（今内蒙古托克托东北）、九原（今内蒙古包头）等地，然后南下绕过函谷关，直插关中腹地。后来，按照这一设想，赵国在短短几年间攻灭了中山国，并北击楼烦、林胡，占领了云中、九原等地。可惜就在这个时候，赵国发生了内乱，赵武灵王被儿子活活饿死在沙丘宫，他的计划没能得到实施，否则战国历史很可能被改写。当然，赵武灵王的方案算不上"假道伐秦"，而是"夺道伐秦"，但其中的道理是一样的。

刘　禅：真是可惜，这么宏大的战略构想没能付诸实施。赵武灵王的儿子也真是忤逆不孝，居然害死了自己的亲爹，真是让人愤怒。

诸葛亮：陛下是至诚至孝之人。为了夺取权力，宫廷中的阴谋、仇杀，只怕比战场上还要惨烈呢。

刘　禅：相父，您这么一说，朕有点害怕了，脊背阵阵发凉啊。

诸葛亮：陛下勿忧。如今满朝上下，侍卫之臣不懈于内，忠志之士忘身于外，盖追先帝之殊遇，欲报之于陛下，臣也必当尽心辅佐陛下，绝不会让赵武灵王的悲剧在我朝发生。

刘　禅：只要有相父在，朕什么也不怕。相父还是再给朕讲这一计吧，那甲只谋丙呢？

诸葛亮：若是甲只谋丙，此时甲以对付乙为名，从丙境穿过，趁其不备，向丙发起突袭。当年周瑜为了谋取荆州，对我们用过这一计。周瑜声称要替我们攻打西川，打下西川来换荆州，请先帝在吴军到荆州时给些钱粮资助，实际上是想趁先帝率众出城劳军之时，杀了先帝，夺占荆州。不过周瑜这一计被先帝与臣一举识破，在荆州城外安排了四路伏兵，直教吴军大败而回，周瑜箭疮迸裂而亡。

刘　禅：这是"三气周瑜"之事吧，朕还有印象呢。记得那天荆州城外杀声震天，朕在城中都听得清清楚楚，到了晚上，父皇与相父还有二叔、三叔他们一起饮酒庆贺，父皇喝得高兴，回来还把朕高高抛起呢。

诸葛亮：回想与先帝征战创业之时，虽然艰难困苦，每日却也充实快乐，可惜时过境迁，先帝离我们而去，五虎上将皆不在人世，臣如今也已老迈，往事不可复追啊。

刘　禅：朕也想念他们。

三國演義第五十六回孔明三氣周公瑾

诸葛亮三气周瑜

偷梁换柱

频更其阵，抽其劲旅，待其自败，而后乘之，曳其轮也。

频繁变更对方的阵容，暗中抽换其中的精兵强将，等待对方人员不济、自趋失败，而后乘机控制或者吞并对方。就如同《易经》既济卦中所说的，拖住了大车的轮子，使其不能转动一样。

刘　禅：相父，"偷梁换柱"这一计听起来好像与盖
　　　　房子有关啊。

诸葛亮：正是。梁和柱是支撑整个建筑的核心结构，
　　　　所以必须要选用最好的木材，如果将梁柱偷
　　　　换成朽木、劣木，那么房子很快就要塌了。
　　　　作为一计，"偷梁换柱"是指将对方倚为梁
　　　　柱的能臣猛将、精兵锐卒等抽换掉，从内部
　　　　削弱对方的战斗力，我方再乘势消灭或控制
　　　　对方。

刘　禅：这大殿上的梁柱，确实比其他木头粗壮结实
　　　　多了，要是换成细弱朽坏的木头，还真撑不
　　　　住这大殿。

诸葛亮：一支军队、一个国家，也如同这大殿一样，
　　　　没有了梁柱的支撑，势必垮塌。战国时，燕
　　　　将乐毅连下齐国七十余城，结果换成骑劫后，
　　　　被齐将田单一举击败，齐国失地尽复。长平
　　　　之战中，一开始老将廉颇坚守不出，让秦军
　　　　前进不得，后来秦人散布谣言，使赵孝成王
　　　　以赵括代替廉颇，而赵括一改廉颇的策略，

主动出击，中了秦军的埋伏，四十万大军全军覆没。李牧连败秦军，结果却被赵王迁冤杀，赵国旋踵为秦国所灭。乐毅、廉颇、李牧都是国之栋梁、军中之魂，被"偷梁换柱"后，整支军队，乃至整个国家也就支撑不住了。

刘　禅：两位赵王也真是昏聩，先后把廉颇、李牧换掉，换上了一批庸才，简直是自寻灭亡。

诸葛亮：赵国的廉颇、李牧，与秦国的白起、王翦并称"战国四大名将"，赵国的军力也堪与秦国对抗，要不是赵王中了"偷梁换柱"之计，秦国能否横扫六国还真不好说呢。《孙子兵法》曰："昔之善战者，先为不可胜，以待敌之可胜。"而中了"偷梁换柱"之计的人恰恰相反，先让自己内部出问题，给了敌人以可乘之机。

刘　禅：相父，"偷梁换柱"的道理朕懂了，但这一计该怎么使用呢，如何偷换敌人的梁柱？

诸葛亮：这就要看具体情况了，比方说，作为工匠，可以在施工时暗动手脚，作为外人，可以引诱主人以次代好。总体来看，"偷梁换柱"有两种偷换方式，一种是自己亲自动手，将对方的梁柱，或者好的东西换掉。比如春秋时，越国受灾，向吴国借稻万石，第二年越国大熟，选了一些品相良好的稻谷蒸熟后还给吴国。吴国百姓见所还稻谷颗粒饱满，便用作种子，不料错过农时，导致吴国陷入饥荒，国力大为削弱。

刘　禅：越国这招也太奸诈了，简直是以怨报德啊。相父您接着讲。

诸葛亮：第二种是通过散布谣言、挑拨离间等方式，使对方首脑怀疑自己的梁柱之才，而以庸才代之。当年，曹丕死后，曹睿即位，封司马懿提督雍、凉。臣听从马谡的建议，派人往洛阳、邺郡等地散布流言，称司马懿意图谋反，同时伪造司马懿告示天下的榜文，到处张贴，曹睿疑心司马懿，便将司马懿罢归田里，让曹休接替了他的职务。臣趁此机会，

上表一出祁山。曹睿先后派夏侯楙、曹真统
兵出战，均被杀得大败。要不是后来司马懿
复出，马谡又失了街亭，一出祁山之时恐怕
就已克复长安了。

刘　禅：真是可惜，要是曹睿一直陷于"偷梁换柱"
之计中，仍然不起用司马懿就好了。司马懿
真是我大汉的劲敌啊。

诸葛亮：司马懿是曹魏砥柱之臣，太平无事时，魏主
忌于司马懿之能，尚可排挤打压，一旦战事
紧急，就不得不用此人。此人不但是我大汉
的劲敌，臣看曹氏宗族中，也无一人是他的
对手，将来乱魏者，必是司马氏。

刘　禅：作为人君，如何能够避免中别人的"偷梁换
柱"之计呢？

诸葛亮：陛下问得好，这就要考验人君的智慧和气度
了，《孙子兵法》中说"将能而君不御者胜"，
作为人君，要善于识别人才，同时要大胆使
用人才，做到"疑人不用，用人不疑"，特
别是对前方将领，不要轻易干预。战国时，

夏侯楙自请出征

魏文侯派大将乐羊讨伐中山国，结果乐羊采取了长期围困的战术，围而不攻，朝中平素与乐羊不睦的大臣便纷纷向魏文侯上书，指责乐羊久久拿不下城池是因为私通中山国，要求将其撤换，魏文侯却不为所动。等到乐羊攻破中山国得胜回朝时，魏文侯命人拿给他两只箱子，乐羊打开一看里面全是朝臣攻击自己的奏章，顿时拜服在地，称攻下中山国其实是魏文侯的功劳。

刘　禅：那么多人说乐羊的坏话，魏文侯都能一直支持乐羊，真是不简单。

诸葛亮：与魏文侯比起来，先帝更可作为陛下的榜样。先帝既有识人之智，又有用人之量，实在是令人佩服。

刘　禅：朕一定要效法父皇。

指桑骂槐

大凌小者，警以诱之。刚中而应，行险而顺。

　　强大者控制弱小者，要通过警告的方式来引导对方，使其服从自己的命令。正合《易经》师卦中我方保持强硬，对方将有所应和，遇到的阻碍将被克服之象。

刘　禅：相父，"指桑骂槐"这一计朕就不懂了，想
　　　　要骂槐树直接去骂就是了，为什么要指着桑
　　　　树骂槐树呢？

诸葛亮：《周礼》载，"面三槐，三公位焉"；《孟
　　　　子》云，"五亩之宅，树之以桑，五十者可
　　　　以衣帛矣"，因此槐树多指代公卿大臣，地
　　　　位较高，桑树多指代平民百姓，地位较低。
　　　　人们明明对地位比较高的人或事物不满，但
　　　　敢怒而不敢言，只好故意对着地位较低的人
　　　　或事物骂上一番，以表达自己的不满，这就
　　　　是"指桑骂槐"的意思。

刘　禅：原来如此，怪不得要指着桑树骂槐树。那用
　　　　作计策，"指桑骂槐"又是什么意思呢？

诸葛亮：作为一计，"指桑骂槐"指用委婉、间接的
　　　　方式使对方知晓自己的意图，或者明白事情
　　　　的道理，从而使对方按己方的意愿行事。

刘　禅：朕还是不太明白，为什么要用委婉、间接的
　　　　方式，用直接的方式不行吗？

诸葛亮：有的时候用委婉、间接的方式，比用直接的

方式效果更好。一方面，使对方清楚状况后主动去做某件事，要比强迫、监督对方去做某件事成本小得多。另一方面，通过间接的方式能够避免发生激烈冲突，更容易被对方所接受。例如，春秋时，为了劝阻晋灵公修筑九层琼台，大臣荀息先是在晋灵公面前表演了一出棋子上面垒鸡蛋的杂技，晋灵公看到后大呼危险，荀息再乘机劝谏说，修筑琼台需要耗费大量的人力物力财力，比棋子上垒鸡蛋更加危险，晋灵公听到后便打消了修筑琼台的念头。这就是"危如累卵"的典故。

刘　禅：朕懂了，如果荀息直接去劝阻晋灵公，晋灵公可能根本听不进去，荀息用累卵这种方式，吸引了晋灵公的注意力，并让晋灵公真真切切看到了危险所在，再向他进谏就容易多了，真是高明。

诸葛亮：使用"指桑骂槐"这一计，有温和与霸道两种方式。温和的方式，就如同上面讲的荀息劝晋灵公一般，类似于托物言志、旁敲侧击；

霸道的方式，有点类似于杀鸡儆猴、杀一儆百。比如，孙武为吴王阖闾训练宫女，结果三令五申后，宫女们仍然嘻嘻哈哈乱作一团，孙武便下令杀掉了带队的两名吴王爱姬，其他宫女吓坏了，都乖乖听从孙武的指挥。

刘　禅：孙武的手段果然厉害，无怪乎能写出《孙子兵法》。

诸葛亮：曹操人称"奸雄"，就惯用"指桑骂槐""杀鸡儆猴"的手段。当年曹操讨伐张绣时，正值麦熟，为安抚民心，曹操下令"大小将校，凡过麦田，但有践踏者，并皆斩首"。不料曹操行至田间，田中飞起一鸠，惊了曹操的马，那马带着曹操窜入麦中，踩坏了一大块麦田。为示军法严明，曹操假意要拔剑自刎，被左右劝住后，便割发代首。于是三军上下无不懔然遵守军令。

刘　禅：曹操"割发代首"的故事，朕也曾听过，曹操拿自己作例子，用来震慑手下的人，谁也不敢不服。

诸葛亮： 曹操在这里固然是用了"指桑骂槐"的计谋，但他能够以身作则、以上率下、执法严明，这点值得学习。还有一例，当年曹操与先帝相持于汉中，曹操进退不得、犹豫不决，便以"鸡肋"为夜间口令。鸡肋者，食之无肉，弃之有味。主簿杨修猜到了曹操的心思，便教随行军士收拾行装，准备归程。夏侯惇听说后，也跟着收拾行装。消息散布军中，诸将无不准备归计。曹操知道后，怒斩杨修，痛责夏侯惇。杨修之死，固然是因为他恃才放旷，数犯曹操之忌，但仅凭惑乱军心这一条，已足够曹操杀他了。曹操杀杨修，也是为了"指桑骂槐"，杀一儆百，稳定军心，否则人人思归，军无斗志，这仗还怎么打？

刘　禅： 说起汉中之战，父皇大败曹操，真是痛快。曹操若是听从杨修之言，尽早撤兵，也不致丢了两颗门牙（曹操在汉中之战被魏延射中人中，折却两颗门牙）。

诸葛亮： 要不是杨修多言，曹操既有退兵之意，早晚

曹操杀杨修

必定退兵。杨修点破之后，曹操急怒之下，为了证明自己无退兵之意，反而不得不进兵。曹军急于求战，正中我军之下怀。《孙子兵法》中说"主不可以怒而兴师，将不可以愠而致战"，说的就是这个道理，请陛下谨记。

刘　禅：朕记住了，多谢相父提醒。

假痴不癫

宁伪作不知不为，不伪作假知妄为。

静不露机，云雷屯也。

宁可假装不知道、不理解而不采取任何行动，也不要假装理解错了而轻举妄动。沉毅静谧，藏而不露，这是从《易经》屯卦惊雷藏于层云之中的卦象中悟出的道理。

刘　禅：相父，"假痴不癫"是什么意思，朕看不太懂。

诸葛亮："假痴不癫"实际是"假痴"和"不癫"两
　　　　个词组合在一起。所谓"假痴"，即解语中
　　　　所说的"宁伪作不知不为"，明明知道装作
　　　　不知道，明明能做到装作做不到；所谓"不
　　　　癫"，即"不伪作假知妄为"，不知道就不
　　　　要假装知道，不要用轻举妄动、胡作非为的
　　　　方式向对方证明自己已陷入癫狂的状态。这
　　　　一计的道理，其实古人都讲过。《道德经》
　　　　有言，"大智若愚，大巧若拙"；《论语》
　　　　有言，"知之为知之，不知为不知，是知也"，
　　　　都是差不多的道理。

刘　禅：朕明白了，这一计是让人装傻示弱吧。

诸葛亮：简单讲可以这么说，如果用在行军打仗上，
　　　　这一计是指故意隐藏自己的实力和战略意
　　　　图，使敌人麻痹大意放松警惕，再乘机打敌
　　　　人个措手不及，即《孙子兵法》所言："兵
　　　　者，诡道也。故能而示之不能，用而示之不
　　　　用。"当年高祖率军出征匈奴，冒顿单于将

其精锐士兵、肥壮牛马等隐藏起来，故意把老弱的士兵和牲畜展示给汉军，让高祖产生了轻敌冒进的思想，结果中了匈奴人的埋伏，被包围在白登。

刘　禅：“假痴不癫”之计主要是用来诱敌的吗？

诸葛亮：除了用来诱敌，当己方处在强大对手的控制下时，“假痴不癫”之计也可用来保全自身。战国时，庞涓把孙膑骗到魏国，并对孙膑施以膑刑，孙膑为了保命，便开始装疯，整日笑闹不停，在猪圈里滚得满身都是猪粪，骗过了庞涓，后来在齐国使者的帮助下逃到了齐国。到了齐国之后，孙膑无时无刻不想着报仇。在后来的齐魏马陵之战中，孙膑又一次使用了“假痴不癫”之计，他利用“减灶法”营造出了齐军退却避战、士卒大批逃亡的假象，将庞涓诱至马陵后，命埋伏好的弓弩手万箭齐发，使魏军大败，庞涓被迫自杀。

刘　禅：孙膑连用两次“假痴不癫”之计，第一次用来保命，第二次用来诱敌，两计送了庞涓的性命，真是厉害。

诸葛亮：若论使用这一计，先帝也不输孙膑呢。当年先帝被吕布打败，不得已委身曹操帐下。为了避免曹操的猜忌，先帝每日只是喝酒种菜，不问世事，装作胸无大志的样子。曹操为了试探先帝，邀先帝青梅煮酒论英雄，称"天下英雄，惟使君与操耳"，先帝听后大惊，假装被雷声吓掉了筷子，蒙混了过去。先帝每日小心翼翼、如履薄冰，总算保全了自身。后来，先帝借着截击袁术的机会，终于逃出了曹操的控制。

刘　禅：想当年父皇栖身虎穴之中，真是危险，朕想想都觉得悚然不已。相父，"假痴"的道理朕懂了，那为什么不能"假癫"呢？

诸葛亮：《孙子兵法》有言，"难知如阴，动如雷霆"。这一计的解语也说，"静不露机，云雷屯也"。当时机未到时，就要装傻示弱，隐身循行，隐藏自己真正的意图；要是假装癫狂，轻举妄动，则可能引起别人的注意和怀疑，泄露自

煮酒论英雄

己的意图，反被对方先下手为强。臣一出祁山之时，连战连捷，先前降魏的孟达意欲乘机叛魏归汉，举金城、新城、上庸三处兵马起事。此时司马懿已经被重新起用，臣便写信遵嘱孟达小心提防、严守机密。怎奈那孟达狂傲大意，还未起兵，早已机谋尽泄。司马懿得知消息后，不及禀明曹睿，便带兵日夜兼程，数日间便杀至新城，孟达猝不及防，手下诸将又早与司马懿约为内应，遂败亡于城下。

刘　禅：真是可惜，要是孟达听从相父之言，举事成功，则相父之兵向长安，孟达之兵向洛阳，孙权之兵向淮扬，司马懿就是有三头六臂也招架不住。

诸葛亮：一出祁山之时，确实是北伐中原最好的时机。此机一失，再要克复中原，难度可就大得多了。臣的身体日感不支，不知能否撑到光复之时。后事不可预知，若有朝一日臣死，陛下身陷险境，可用此计以自保。

刘　禅：相父……

上屋抽梯

假之以便，唆之使前，断其援应，陷之死地。遇毒，位不当也。

假装给对方以便利条件，唆使其前进，然后切断其后援和接应，使之陷于死地。如同《易经》噬嗑卦中所说的，心急抢吃腊肉，结果却吃到了变质有毒的肉，这是由于居位不当的缘故。

刘　禅：相父，"上屋抽梯"之计是不是说，先骗人通过梯子爬到屋上，再把梯子撤去，这样屋上之人就没办法下来了，只能任人摆布？

诸葛亮：陛下说得对，字面上就是这个意思。说起来，臣还中过这一计呢。

刘　禅：相父您中过这一计，这是怎么回事？

诸葛亮：当年先帝在荆州时，刘琦担心继母蔡夫人加害，便请先帝相救。先帝以为此乃刘表、刘琦家事，自己不便多言，便让刘琦向臣请教。先帝又怕臣不肯教刘琦，便教给了刘琦这"上屋抽梯"之计。次日，先帝命臣代其回拜刘琦，刘琦一见到臣，便直言相求保身之策，臣恐周围耳目众多，事泄后连累先帝，故不敢奉告。后来刘琦说有一部古书，请臣一观，把臣引至一小楼之上，又命人将梯子撤去，再次向臣求教。臣进退无路，又见小楼之中只有臣与刘琦二人，便对刘琦说："公子岂不闻申生、重耳之事乎？申生在内而亡，重耳在外而安。今黄祖新亡，江夏乏人守御，公子何不上言，乞屯兵守江夏，则可以避祸矣。"后来刘琦听了臣的话，便求得刘表允许，守江夏去了。

刘　禅：朕有点不太明白，刘琦前来求教，父皇和相父若是怕机谋泄露，屏退左右后教刘琦即可，为何还要设下这"上屋抽梯"之计，绕一大圈后才教刘琦。

诸葛亮：这正是先帝高明之处。常言道"疏不间亲"，刘琦与刘表是父子，与刘琮是兄弟，关系都比先帝近得多。若是刘琦一开口，先帝与臣便把计策告诉他，一方面，刘琦未必信服，另一方面，先帝与臣也担心刘琦反把我们教他的计策告诉刘表，这样一来先帝就危险了。绕上这么一个大圈子，既是让刘琦感到这一计策求来不易，更容易信服和接受，同时也是试探刘琦，看其诚心与否。这样做是为了刘琦好，也是为了先帝的安危考虑。

刘　禅：原来相父是故意中这一计的，想不到里面还有这么深的道理。"上屋抽梯"的字面意思朕懂了，那在军事上，这一计该怎么用呢？

诸葛亮：这一计的解语中说，"假之以便，唆之使前，断其援应，陷之死地"，用在军事上，就是说通过利益诱敌深入，并切断敌人退路，使其陷入困境，再予以消灭。长平之战就是最典型的例子。秦国用计使赵王用赵括替换廉颇后，白起命秦军佯装败退，引赵军主动出击，同时命人绕到赵军后方，切断赵军退路和粮道。赵军数攻不克，粮道又被切断，只好就地固守待援。四十多天后，赵军粮尽，赵括无奈率军出击，结果被乱箭射死。剩下的四十多万赵军被迫向秦军投降，结果全部被秦军坑杀。

刘　禅：真是惨剧啊，中了"上屋抽梯"之计，就真是陷之死地了。

诸葛亮：正是有"上屋抽梯"这样的计策，所以用兵应当小心谨慎、未进思退，进兵之前先要谋划好退路。陛下可知，臣多年来北伐中原为什么坚持要出祁山，而没有采纳魏延兵出子午谷的建议？

刘　禅：相父的主张一定是对的。

诸葛亮：从子午谷进兵，出谷便是长安，乍看上去出
　　　　兵的时间、路程大为缩短，但实际并不可行。
　　　　一方面，若我军进兵的消息泄露，魏军于谷
　　　　中截杀，我军势必大败。另一方面，即便魏
　　　　军疏于防范，我军侥幸从子午谷通过，面对
　　　　的长安是一座坚城，曹魏经营多年，兵马众
　　　　多。若按魏延所说以小股兵力偷袭，根本是
　　　　以卵击石，偷袭不成不说，反令魏军加强了
　　　　提防；就算是我军主力，急切之间也难以攻
　　　　下，如果我军主力顿兵长安城下，魏国调集
　　　　大军对我军进行包围，并派兵切断子午谷通
　　　　道，我军就会陷入与当年的赵括一样的局面，
　　　　几十万大军恐怕要全军覆没。因此，臣坚持
　　　　兵出祁山，先取陇右之地，在陇右站稳脚跟
　　　　后，再一步步进取关中、中原。何况陇右之
　　　　地汉羌杂居，马超、马岱在当地素有威望，
　　　　咱们先取陇右，也容易得到当地军民的响应。

诸葛亮训诫魏延

这样进退有据，稳扎稳打，不至于陷入"上屋抽梯"的境地。

刘　禅：原来如此，还是相父考虑得周全。

树上开花

借局布势，力小势大。

鸿渐于阿，其羽可用为仪也。

借助某种局面或形式布成庞大的阵势，即便力量弱小也可以显示出强大的样子。就像《易经》渐卦中所说的，鸿雁飞到山头，其羽毛可以作为礼器，彰显人的身份地位。

刘　禅：相父，"树上开花"是什么意思，开花的树
　　　　太多了，像桃花、杏花，还有这成都满城的
　　　　芙蓉花，不都是树上开的花吗？

诸葛亮：陛下说的，乃是常见的开花之树。臣听说有
　　　　一种树叫铁树，很多年才开一次花，非常罕
　　　　见，故而东吴有句俗语比喻事情难成，云"须
　　　　铁树开花"。如果不可能或者很难开花的树
　　　　居然开花了，则会给人出乎意料的感觉。因
　　　　此这一计的字面意思是说，把假花粘贴在原
　　　　本不会开花的树上，让人惊奇莫辨。用在行
　　　　军打仗之中，主要是指相对弱小的一方通过
　　　　借助各种因素，使自己显得充实而强大，从
　　　　而震慑住敌人，使之在判断上发生错误。

刘　禅：朕懂了，原来这是一条迷惑敌人、以弱制强
　　　　的计策。

诸葛亮："树上开花"之计的关键在于借局布势，如
　　　　果运用得当，便可以小力而成大势，取得数
　　　　倍于自己真实力量的效果。战国时，乐毅连
　　　　下齐国七十余城，将即墨团团围住。齐人通

过散布谣言使燕王派骑劫代替了乐毅，但此
时燕军的兵力仍然远远强于齐军。齐将田单
便使用了"树上开花"之计，一方面大摆"火
牛阵"，选了一千头牛，在牛角上缚上尖刀，
尾上缚苇灌油，以火点燃，猛冲燕军；另一
方面又让士兵装神弄鬼，燕军以为齐军得到
了鬼神相助，吓得惊慌失措，结果齐军借着
"牛鬼蛇神"之力奋勇冲杀，大破燕军。

刘　禅：妙啊！想象一下无数火牛冲向燕军的场面，
　　　　一定非常壮观。

诸葛亮：臣也曾用过这一计。当年臣四出祁山，奉旨
　　　　班师，因担心司马懿随后追杀，便采用了增
　　　　灶之法。一边撤军，一边在营中增加灶数。
　　　　司马懿见我军退兵，又怀疑臣设下伏兵，不
　　　　敢贸然追击，只命人查点我军遗下旧营中的
　　　　灶数，结果发现营内之灶越来越多，司马懿
　　　　以为我军不断增兵，便不敢追赶，我军得以
　　　　不损一人退回汉中。

刘　禅：朕上次误听苟安等宦官之言，无事召回丞相，

错失北伐良机，朕深感自责。

诸葛亮：此事乃司马懿奸计，不怨陛下。望陛下以此

为戒，不为奸佞所惑。

刘　禅：谨遵相父教诲。"树上开花"之计中，"花"

要借助"树"的势力，那在实践中，可以借

助的力量都有哪些？

诸葛亮：陛下问得好。"树"泛指一切可用来为我张

势的东西，可以是自身的伪装，可以是别人

的声威，可以是别人的势力，也可以是客观

的态势，如天时地利，等等。借助自身伪装

者，比如臣上面讲到的以增灶法退兵；借助

别人声威者，比如在"狐假虎威"的典故中，

狐狸借助了老虎的声威，吓得林中禽兽四散

奔逃；借助别人势力者，比如我孙、刘两家

结为联盟，相互借势，以对抗强大的曹魏；

借助客观态势者，比如赤壁之战中，孙、刘

联军借东风之势，火攻大破曹操，再比如关

羽将军攻打樊城时，堰住水口，借助连日大

雨，水淹七军，生擒于禁、庞德。

三國演義第七十四回 關雲長放水淹七軍

戴敦邦甲申年不逾 [印]

关公水淹七军

194

刘　禅：看来使用"树上开花"之计的情形很多啊。

诸葛亮："树上开花"虽说是军事上的一条计策，其实用途非常广泛，比如小商贩们做买卖时，会把最新鲜、最饱满的货物摆在最上层，吸引过往路人购买；想使用金质的器物，但手头的金子又没有那么多，便采用包金技术；筑城时，全部用砖石虽然坚固，但成本太高，便在最外一层垒上砖石，里面全是夯土，这些其实都是"树上开花"之计的应用。

刘　禅：朕懂了。斗鸡的时候，鸡把自己的羽毛扎煞起来，让自己显得更强壮，就是在用"树上开花"之计吧。

诸葛亮：正是。看来陛下已经掌握这一计的精髓了。陛下聪睿，须知斗鸡走狗非明君之道，臣不日即将六出祁山，愿陛下能够时刻以复兴为念，约束自身，不可沉溺于其中。

刘　禅：哦，朕知道了。

反客为主

乘隙插足，扼其主机，渐之进也。

乘着有空隙就赶紧插足进去，一步步扼住其关键要害部位，就像《易经》渐卦中所说的，要循序渐进地达到自己的目的。

刘　禅：相父，"反客为主"是不是说，客人取代了
　　　　主人的位置？

诸葛亮：正是。此计是讲，以客人身份寓居主人家后，
　　　　把握机会，步步为营，逐渐掌握主导权。

刘　禅："反客为主"看起来像是一个结果，一个事
　　　　后的状态，那使用这一计的过程应该是怎样
　　　　的呢？

诸葛亮：臣以为，使用"反客为主"之计，可分为五
　　　　个步骤。一是争客位，即首先要取得客人的
　　　　地位；二是乘隙，即发现并把握主人家的可
　　　　乘之机；三是插足，即参与主人家的事务；
　　　　四是握机，即渐渐掌握主人家的机要关键；
　　　　五是为主，即取主人而代之。比如，当年董
　　　　卓篡汉的步骤就是，先通过贿赂十常侍获取
　　　　了西凉刺史、方镇大员的位置，此为争客位；
　　　　继而利用何进与十常侍之间的矛盾，此为乘
　　　　隙；继而提大兵进京，此为插足；继而在朝
　　　　中诛锄异己、独揽大权，此为握机；最后则
　　　　是在长安受禅。尽管董卓在受禅之时被王允、

吕布设计所杀，但这五个步骤却是完整地走了一遍。

刘　禅：幸亏有王允，要不然大汉江山恐怕早就被董卓老贼篡夺了。

诸葛亮："反客为主"之计对使计之人的威望、人品、能力、素质要求极高，不是随便什么人都能使用的。想那董卓，外有十八路诸侯虎视眈眈，内有忠臣义士时刻以扶助汉室为念，董卓本身又是贪婪暴戾、寡廉鲜耻之人，可以说根本不具备篡汉称帝的条件，居然敢靦颜受禅，就算王允、吕布不杀他，也会有别人杀他。

刘　禅：如同相父所说，"反客为主"之计对使计者的要求这么高，那有谁成功使用过这一计呢？

诸葛亮：臣以为，古往今来，将这一计使到极致的，除先帝之外，别无他人。

刘　禅：父皇？

诸葛亮：不错。当年先帝和关、张二人相遇后，到张飞的桃园中喝酒，原本张飞是主人，先帝是客人，结果结拜下来先帝当了兄长，关、张二人一辈子誓死相随。先帝投奔陶谦，结果陶谦临终前三让徐州，将徐州交付给先帝。先帝依附刘表，刘表临终前也想把荆州和幼子托付于先帝，只是先帝仁慈不肯接受。后来到江东当娇客，使孙夫人倾心相随。受刘璋之邀入客西川后，在西川军民的支持下取刘璋而代之。可以说，先帝的一生，正是在不断地"反客为主"，通过一次又一次成功的"反客为主"，终成三分之天下。

刘　禅：父皇的事迹，着实令朕神往。那父皇为什么能够一次次"反客为主"呢？

诸葛亮：陛下问得好。曹操曾对先帝言道，"天下英雄，惟使君与操耳"，此言不谬。先帝胸怀天下、志存高远、坚忍不拔、宽仁爱民、待人唯诚，凡与先帝有过交往的人，对先帝无不钦服，故而先帝能够得到众人的衷心拥戴。同时，先帝乃孝景皇帝玄孙、献帝皇叔，声

三國演義第十二回陶恭祖三讓徐州戴敦邦辛酉秋於滬上源。

陶谦三让徐州

望能力为当世刘姓之翘楚，天下凡心向汉室
者，无不寄希望于先帝，因此先帝不管身在
何处，都能够得到拥汉力量的支持。此外，
凡先帝"反客为主"之处，内部皆矛盾重重，
或者希望有所作为的人士不满于原来主公的
软弱无能，希望跟随明主干一番事业，这便
给了先帝"乘隙""插足""握机"的机会。
总之，唯有像先帝这样的豪杰英主，才能够
驾驭这一计。

刘　禅：朕比父皇可差得远了，看来朕用不了这一计。

诸葛亮：陛下如今已经身居主位，更多的应该考虑如
　　　　何牢牢守住主位，防止别有用心的人使出"反
　　　　客为主"之计。

刘　禅：那该怎么做，快请相父教我。

诸葛亮：使用"反客为主"之计包括五个步骤，在任
　　　　何一个步骤阻断客人，都能防止其"反客为
　　　　主"。针对"争客位"这一步，对于有可能
　　　　威胁自己地位的客人，应当将其拒之门外，
　　　　如果何进能够听从陈琳的劝阻，不召董卓入

朝，也不会给董卓把持朝政的机会。针对"乘隙""插足"这两步，如果客人已经表现出过分关心甚至干预主人家事务的苗头，应当立即将其送走，避免其进一步掌握权力。如果无法拒客、送客，而客人对主人的威胁又日甚一日，已经到了"握机""为主"的地步，那主人就不得不与客人正面对决。上述过程中，主人动手越早，效果越好。就像扁鹊对蔡桓公所说的："疾在腠理，汤熨之所及也；在肌肤，针石之所及也；在肠胃，火齐之所及也；在骨髓，司命之所属，无奈何也。"

刘　禅：多谢相父赐教。

美人计

兵强者，攻其将；将智者，伐其情。将弱兵颓，其势自萎。利用御寇，顺相保也。

敌方兵力强大，就从打击其主将入手；主将富于韬略，就从打击其情感上的弱点入手。主将的能力被削弱后，士兵的斗志和战斗力也会跟着减弱，其兵势就会委顿。正合《易经》渐卦中所说的"有利于抵御敌人，顺利地保卫自己"之意。

刘　禅：相父，"美人计"是指用美人去诱惑对方、
　　　　乱其心智吧？朕听父皇讲过商纣王的故事，
　　　　纣王本是一个聪明有为的君主，但后来被妲
　　　　己所迷惑，沉湎于酒色，变得荒淫无道，结
　　　　果丢了江山和性命。

诸葛亮：简单来说可以这么理解，但这一计的真正含
　　　　义，比字面意思还要深刻得多。陛下请看，
　　　　这一计的解语中说："兵强者，攻其将；将
　　　　智者，伐其情。将弱兵颓，其势自萎。"意
　　　　思是说，如果敌方兵力强大，我方不可力敌，
　　　　就要从对付敌方的主将入手。如果敌方主将
　　　　富于韬略、善于用兵，对付他就要从其性格、
　　　　感情上的弱点入手。当主将受到打击、迷惑，
　　　　丧失指挥能力，或者指挥能力变弱后，士兵
　　　　的斗志和战斗力也会跟着减弱，其兵势就会
　　　　渐渐委顿。陛下刚才提到的纣王，就是很好
　　　　的例子。纣王变得荒淫无道之后，朝政跟着
　　　　混乱，军队战斗力跟着衰弱，继而被周武王
　　　　所推翻。

刘　禅：这样来看，"美人计"跟"擒贼擒王"有点像啊，针对的都是敌方的首脑。

诸葛亮：不错，两者都是针对敌方首脑，但采取的手段不同。"擒贼擒王"强调以霸道、直接的方式将对方首脑除掉或擒住；"美人计"则是以投其所好的方式使其陷溺于其中，让其玩物丧志、不思进取、疏远下属。

刘　禅：朕懂了。朕记得好像有哪位先贤说过"食色，性也"，喜欢美人和美食，是人的天性，所以就用美人去诱惑别人。

诸葛亮：不只美人，凡是能投对方所好，能够使其迷惑或者陷溺的东西，都可作为实施"美人计"的工具。《六韬》中说"厚赂珠玉，娱以美人"，有的人喜欢美人，有的人喜欢珠宝，有的人喜欢犬马，有的人喜欢文玩，还有的对物质不感兴趣，但喜欢别人的吹捧，只要准确抓住了对方的喜好，都可以将对方引入自己彀中。比如，刘琦知道臣喜欢古书，便称有一部古书请臣一观，将臣引到楼上。关羽将军轻生重义，当年身在曹营之时，曹操赠送了大量的美女财宝，关将军根本不为所动，将美女财宝原封不动还给了曹操。但是关将军生性高傲，喜欢别人夸赞，陆逊利用关将军性格上的弱点，以一封言辞卑谨的书信，让关将军放松了对东吴的防备，结果吕蒙白衣渡江，夺下了荆州。在关将军这里，陆逊这封言辞卑谨的书信，就相当于"美人"啊。

刘　禅：明白了，送什么东西，要看对方喜欢什么。

诸葛亮：总体来说是这样，但有些东西可以送，有些东西不能送。战国时，六国以地赂秦，结果秦国得到土地后力量越来越强，六国的力量越来越弱，相继被秦国所灭，即古人所云"以地事秦，譬犹抱薪救火，薪不尽，则火不止"。文帝、景帝之时，匈奴的力量强于我大汉，便采取了和亲的策略，送去的不过是几名女子，却换来了几十年的安宁，为武帝时北击匈奴积蓄了力量。因此，像美人、珠玉、犬马之类的东西，既受对方喜爱，对己方而言，如同大木飘一叶，太仓减一粟耳，国力丝毫无损，适合用来实施"美人计"。

刘　禅：人人都有自己的嗜好和性格上的弱点，而"美人计"抓住的恰恰是这些，那又该怎么应对这一计呢？

诸葛亮：应对"美人计"，说难也难，说易也易。昔时，春秋五霸之一的楚庄王大宴群臣，并命宠姬向大臣们敬酒，此时恰有一阵疾风吹过，将宴席上的蜡烛都吹灭了，有人乘机调戏宠姬。拉扯中，宠姬折下了那人的帽缨，并向楚庄王告状。结果楚庄王却故意不追究此事，让所有人把帽缨摘下后再点亮蜡烛。此事乃大将蒋雄所为，蒋雄深感楚庄王之德，后来楚庄王被秦兵所困，全赖蒋雄拼死将其救出。

刘　禅：楚庄王真是有气度，难怪能成为春秋五霸之一。

诸葛亮：当年董卓撞见吕布与貂蝉在凤仪亭相会，勃然大怒，以戟掷吕布，李儒劝董卓效法楚庄王，将貂蝉送与吕布，以结吕布之心。结果董卓不听李儒之言，最终惹怒了吕布，被吕布所杀。因此，破解"美人计"最简单的办法，就是把美人转赠给得力的属下，不但自己可以脱身，更可以让下属感恩戴德。但若是受计之人甘于陷溺，如同董卓一般，想要破解这一计则难于登天。陛下要效法楚庄王，多给臣下以包容与恩惠，这样大家才愿意为陛下效力。

刘　禅：朕懂了。多谢相父教诲。

空城计

虚者虚之，疑中生疑；刚柔之际，奇而复奇。

对于本来就空虚的，反而让其显得更加空虚，使敌方在疑惑中更增添疑惑。正合《易经》解卦中以我之至柔当彼之至刚之意，这是出其不意中的出其不意。

刘　禅：相父，您不是曾经用过"空城计"吗？

诸葛亮：说来惭愧。当年臣一出祁山，因误用马谡，失了街亭，司马懿乘势率十五万大军杀至臣所在的西城。此时诸将皆已派出，城中只有一众文官和两千五百名士兵。若是拒城坚守，则城池弹指即破；若是弃城而走，过不多时也会被司马懿追上。臣无奈之下，只好使出了这"空城计"，命人大开城门，并让军士扮作百姓洒扫街道，自己则端坐城楼焚香操琴。司马懿来到城前，见此情形，知臣素来谨慎，不会轻易以身犯险，于是心生疑惑，担心城中有伏兵，最终下令退兵。这实在是臣平生所遇最惊险的一次。

刘　禅：听得朕浑身直冒冷汗。"空城计"的道理在哪呢？

诸葛亮：兵法有云，"实则虚之，虚则实之"，而"空城计"是"虚则虚之"，本来就空虚，却故意把空虚展示给对方，让对方疑惑不定，不敢贸然行动。这是一条败中求生的计策，当

诸葛亮弹琴退兵

无论是战是逃皆难免败亡之时，索性通过这种"虚则虚之"的方式，违反常理行事，以求得一线生机。就像在野外遇到老虎时，不可转身就跑，否则老虎会立即扑上来，而要一动不动瞪大眼睛死死盯住老虎，老虎摸不清人的底细，过一会儿可能就会自行跑开。

刘　禅：要是司马懿派人试探一下，不就露馅了吗？

诸葛亮：使用"空城计"，就像是一场赌博，既然是赌博，当然有输有赢，赌赢了自然可以全身而退，一旦赌输了则再无回旋余地。因此"空城计"是三十六计中最险的一计，不到万不得已，或者对敌方主帅的心理状况和性格特点没有充分的了解，则不可轻易使用。同时，使用此计即便一时得手，也必须立即调整部署，将"空城"变为"实城"，以防敌人卷土重来。

刘　禅：朕还听说有一种策略，就是故意给敌人留下一座"空城"或"空寨"，实则在城中或周围埋下伏兵，等敌人杀进去之后再予以打击或者围歼，这也算是"空城计"吗？

诸葛亮： 陛下所说，乃是兵法上"实则虚之"之法的
应用，并不是三十六计中所讲的"空城计"，
这一策略在军事中的应用就比较多了。当年
曹操派曹仁率十万大军南下，我军给曹仁留
下一座空城新野，却在城中堆放了大量硫黄
焰硝等引火之物，等曹军进驻新野后，命人
乘夜点燃城中引火之物，火烧新野，将曹军
杀得大败。后来曹操和曹仁也用过这一计策。
赤壁之战后，周瑜抢先攻打南郡，曹仁将南
郡摆成一副空城模样，却在城内埋伏兵马，
引周瑜率军突入瓮城后，四面箭如雨下，周
瑜就是在南郡中的毒箭。不过，正是因为实
战中有很多"实则虚之"之法的应用，当敌
人面对"虚则虚之"的"空城计"时，才会
怀疑对方是不是在故意示虚诱敌，实则早有
伏兵，因而多了一分小心和顾虑。臣猜想，
司马懿在西城之下，正是想到了臣曾设下过
火烧新野的计策，害怕重蹈曹仁的覆辙，这
才会被臣的"空城计"骗过。

刘　禅：原来如此。那当我军遇到一座空城时，如何判断是真正的空城，还是敌人故意设下的陷阱？

诸葛亮：最常见的办法，就是如同刚才陛下所说，派小股兵力试探一下，是虚是实，一试便知。但有时，对方如果真有埋伏，往往会放过先头的哨探部队，等到大部队进入埋伏圈后再发起攻击。这种情况就比较难以应对，需要主帅有高超的智慧，并综合各种因素和情势予以判断。《孙子兵法》有云："众树动者，来也；众草多障者，疑也；鸟起者，伏也；兽骇者，覆也；尘高而锐者，车来也；卑而广者，徒来也。"意思是说，许多树木摇动，是敌人从林中开路来袭；草丛中有许多障碍物，是敌人布下的疑阵；群鸟惊飞，是下面有伏兵；野兽惊骇奔逃，是敌人大举突袭；尘土高扬，是敌人的战车大举驰来；尘土低矮，是敌人的步兵在行进。这些都能够帮助我们判断敌人的状态。

刘　禅：居然如此复杂，朕得好好琢磨琢磨。

反间计

疑中之疑。比之自内，不自失也。

利用敌方派来离间我方的人去离间敌方。如同《易经》比卦中所说的，通过结交对方内部的人从而处理与对方的关系，自己的举措便不会失当。

刘　禅：相父，"反间计"是关于使用间谍的计策吗？

诸葛亮：是的。行军打仗、运筹帷幄，靠的就是掌握
　　　　信息，谁掌握的信息多，谁的胜算就大，而
　　　　获取信息就要依靠间谍等情报人员，即《孙
　　　　子兵法》所谓"先知者，不可取于鬼神，不
　　　　可象于事，不可验于度，必取于人，知敌之
　　　　情者也"。间谍带回的情报对于决策至关重
　　　　要，情报准确，决策就正确；消息不准，决
　　　　策就错误。所谓"反间"，就是使敌人的间
　　　　谍为我所用。《孙子兵法》有云："必索敌
　　　　间之来间我者，因而利之，导而舍之，故反
　　　　间可得而用也。"意思是说，必须查明敌方
　　　　派来刺探我方情报的间谍，或者以重利收买，
　　　　或者故意对其散布假消息，让敌方间谍将其
　　　　掌握的情报透露给我方，或将假情报带回去
　　　　迷惑敌方，使其实际上为我方服务。

刘　禅：朕明白了，使用"反间计"有两种情形，一
　　　　种是收买敌方间谍，让其自愿为我方效力，
　　　　另一种是故意欺骗敌方间谍，让其传递假

消息。

诸葛亮： 陛下聪明。第一种情形下，实际上是把对方
间谍变成我方的人，让其听从我方的指令，
做有利于我方、不利于对方的事，比如收买
他国使者，让其回国之后故意说某某人的坏
话，挑拨离间，使彼国君臣自相猜忌。战国时，
廉颇被免职后，客居魏国。后来赵国屡败于
秦国，赵王便想重新起用廉颇，廉颇也愿意
继续为赵国效力。赵王派出使者探视廉颇，
看其尚可用否。结果临行之前，廉颇的仇人
郭开贿赂使者，让其回来之后说廉颇的坏话。
廉颇见到使者后，当着他的面，一顿饭吃了
一斗米、十斤肉，并披甲上马，以示身强力
壮。然而使者回报赵王说，廉颇虽然吃饭尚
可，但坐不多时便去了三趟茅厕。赵王以为
廉颇已经老迈，遂不再起用。使者简简单单
一句话，就让赵国损失了一位柱国之臣。

刘　禅： 第一种情形之下，只要能够收买对方间谍就
行了，第二种情形之下，还需要故意骗过对

方间谍，难度是不是要大一些？

诸葛亮：第二种情形下使用"反间计"，就像演戏一样，而且要演得真切、投入，对方间谍才会相信。楚汉争霸时，项羽把高祖围困在荥阳，情势十分危急。高祖派人求和，请求以荥阳为楚汉边界，而范增则劝项羽急攻荥阳。高祖非常担心项羽采纳范增的建议，恰逢项羽派使者到汉营，陈平便乘机使用了"反间计"。先是派人送上高规格饭菜，等见到楚使，假装惊讶地说："我以为是亚父的使者，没想到是项羽派来的！"说完又把饭菜拿走了，更换粗劣的饭菜打发楚使。楚使回营，报告项羽，项羽果然怀疑范增，不肯听从范增的建议。范增见项羽怀疑自己，非常生气，便以老迈为由辞项羽而去，结果在路上发病身死。项羽失去了范增这一智囊，最终为高祖所败。

刘　禅：想不到正是这"反间计"，助高祖夺得了天下。

诸葛亮：若论演技，周瑜还要更胜陈平一筹呢。赤壁

之战时，曹操派蒋干去劝降周瑜，周瑜因和
蒋干曾是同窗，故意将其留宿于自己帐中，
又装作酩酊大醉。蒋干乘机偷看周瑜帐中的
文书，结果找到一份蔡瑁、张允写给周瑜的
信，书略曰："某等降曹，非图仕禄，迫于
势耳。今已赚北军困于寨中，但得其便，即
将操贼之首，献于麾下。早晚人到，便有关
报。幸勿见疑。先此敬覆。"蒋干见后大惊，
便将书信盗走，交给了曹操。曹操见后，急
怒之下，将二人斩首。此信乃是周瑜伪造，
借曹操之手，除掉了熟悉水战的蔡瑁、张允，
为我联军除一大患。

刘　禅：	"反间计"真是厉害，小小一个间谍，居然
能关系到整个战事的成败。但是相父，君主
深居宫中，只能以使者作为自己的耳目，若
耳目被别人收买，君主就会受到蒙蔽，那怎
样才能防止出现这种情况呢？

诸葛亮：	陛下问得好。岂不闻"兼听则明，偏听则暗"，
对于使者、间谍带回的信息，要综合各种信

曹操杀蔡瑁张允

息予以判断。同时，派出间谍刺探情报时，也不能只派一组，而要多派几组，并且各组之间互不相识，分别反馈情报。将各组情报进行相互印证和比较，就能够得出更加准确的结论，有时还能借此发现哪些间谍被收买或者受欺骗了。

刘　禅：多谢相父指教。

苦肉计

人不自害，受害必真。假真真假，间以得行。童蒙之吉，顺以巽也。

不自我伤害是人的本能，如果受到了伤害，就会博得他人的信任。利用这种常理，以假为真，真中有假，遭受"苦肉"之人就可以用来执行间谍任务了。正合《易经》蒙卦中利用对方的幼稚愚蒙、顺逊不疑之意。

刘　禅：相父，这"苦肉计"朕听着有点耳熟啊。

诸葛亮：当年周瑜打黄盖，用的就是"苦肉计"。赤壁之战时，周瑜想派黄盖到曹操处诈降，又怕曹操不信，便与黄盖共同演了一场戏：某日周瑜升帐，让诸将各领三个月粮草，准备御敌。黄盖却言，领多少粮草也不济事，不如早降曹操。周瑜大怒，命斩黄盖，众将官皆苦苦求救，周瑜便免了黄盖死罪，当众打了他五十脊杖。之后黄盖让阚泽去曹营献诈降书，骗过了曹操。臣借东风之后，黄盖自带船二十只，内装芦苇干柴，上铺硫黄、焰硝等引火之物，扮作粮船往曹营诈降，引燃了曹操的连环大船，拔得赤壁首功。

刘　禅：朕想起来了，不是有句话叫"周瑜打黄盖，一个愿打，一个愿挨"嘛，说的就是这"苦肉计"啊。

诸葛亮：趋利避害是万物本能，人作为万物灵长，更懂得趋利避害的道理，绝不会轻易伤害自己。"苦肉计"正是利用了"人不自害"的常理，

阚泽密献诈降书

225

以损害自身的方式骗取敌方的信任，再利用敌方的信任达到自己的目的。比如周瑜打黄盖，再比如春秋时，义士要离为给吴王阖闾除去心头之患，不惜断臂舍妻以接近庆忌，趁其不备用矛刺死了庆忌。

刘　禅：使用"苦肉计"都要伤害自己的身体吗？

诸葛亮：也不尽然。凡是派遣看上去与自己有嫌隙的人去诱骗敌人的，都属于"苦肉计"的范畴。至于如何产生的嫌隙，那情形就太多了。比如杀亲之仇、夺妻之恨，自己受到了不公待遇，生命安全受到了威胁，等等。赤壁之战时，曹操也用过"苦肉计"，就并非以伤害身体的方式。

刘　禅：曹操也用过"苦肉计"？

诸葛亮：曹操中了周瑜的"反间计"，杀掉蔡瑁、张允之后，听从荀攸的建议，顺势使出"苦肉计"，派蔡瑁的族弟蔡中、蔡和假装投降周瑜，以作为内应，并打探吴军内部消息。但曹操的"苦肉计"被周瑜一眼识破。周瑜不动声色，又利用蔡中、蔡和施起了"反间计"，故意在他俩面前演戏，让他们给曹操传递假消息。比如周瑜打黄盖的消息，蔡中、蔡和就暗中报给了曹操，要不然曹操也不会轻易相信黄盖。最后，周瑜在火烧赤壁前，杀了这两人祭旗。

刘　禅：这么多的计策，曹操使来，周瑜使去，听得朕头都晕了。可同样是"苦肉计"，为什么周瑜的使成了，曹操的却被识破了呢？

诸葛亮：问得好。曹操率八十三万大军南下，东吴内部本身就人心浮动，交战之前，就分为主战主和两派，意图降曹者甚至在战争过程中与曹操暗通款曲者，必然不在少数，因此黄盖受责后诈降，在曹操看来非常符合常理，何况还有蔡中、蔡和在帮着传递假消息。而蔡中、蔡和诈降，未带家小，形迹可疑，所以立即被周瑜识破了。

刘　禅：原来如此，看来这"苦肉计"不光要"苦肉"，还要"苦"得符合常理才行。

诸葛亮： 正是。不符合常理的"苦肉计"，就像曹操让蔡中、蔡和诈降一样，非常容易被识破。春秋时，齐桓公身边有三个奸臣，易牙、开方、竖刁。易牙是齐桓公的厨师，只因齐桓公说了句"不知人肉什么味道"，便把自己的儿子杀了烹制成菜肴献给齐桓公；开方是卫国公子，自愿留在齐国侍奉齐桓公，尽管齐卫相隔不远，但开方十几年间从未探望过自己的母亲；竖刁为了进宫服侍齐桓公，更是不惜自宫。三人各以不同的"苦肉"方式博得了齐桓公的信任。齐国名相管仲临终前曾告诫齐桓公说，爱子女、爱父母、爱自己胜于爱别人，是人之常情，而易牙、开方、竖刁三人为了取悦齐桓公，所作所为皆大违人情伦常，背后必然有不可告人的目的，这三个人十分危险，请齐桓公务必远离他们。可惜齐桓公没有听从管仲的忠告，最后被易牙等人害死。

刘 禅： 知人知面难知心啊，易牙、开方、竖刁看上

去对齐桓公那么忠心，实际上却包藏祸心，

真是可怕。

诸葛亮：连至亲和自己都忍心加害的人，做事往往是

没有底线的，越是对这样的人，越要注意

提防。

刘　禅：朕记下了。

连环计

将多兵众，不可以敌，使其自累，以杀其势。在师中吉，承天宠也。

敌方兵多将广，不可以与之硬拼，而应当设法使对方自我削弱、束缚，以减弱其兵势。主帅在军中运筹帷幄，诱使敌方作茧自缚，就如同有上天相助一样，正合《易经》师卦之象。

刘　禅：相父，"连环计"是什么意思，朕看不太懂。

诸葛亮："连环计"的字面意思就是一计连一计，一计套一计，两条计策组合使用。这一计的解语中讲到，"将多兵众，不可以敌，使其自累，以杀其势"，意思是说，面对实力强于自己的对手，先通过第一条计策拖累和削弱敌人，为使用第二条计策创造条件，再通过第二条计策战胜敌人。

刘　禅：这么复杂，您能给朕举个例子吗？

诸葛亮：赤壁之战中，曹操的士兵多是北方人，在战船之上不惯风浪颠簸，呕吐不止，庞统便建议曹操将战船用铁索连在一起，船间铺以阔板，如此便不惧风浪，三军足可涉大江之险。曹操采纳庞统之策，命人将全部大船以铁索相连。结果后来周瑜、黄盖使用了火攻之法，大船连在一起无法逃散，被烧了个干干净净。

刘　禅：朕懂了，让曹操以铁索连结战船是第一计，火烧战船是第二计，两条计策必须组合起来使用才行。

周瑜纵火破曹军

诸葛亮：“连环计”的精髓，一方面在于使敌人先甜而后苦，自累而不觉，即通过第一计先使对方尝到甜头，自以为得利，却不自觉落入使计者彀中。另一方面在于第二计与第一计之间要紧密相连，第一计是第二计的条件，第二计是第一计的目的，如果使出第一计后，第二计没有及时跟上，敌人甜而不苦，第一计反倒白白成了助敌之计。试想若不是臣借来东风，让联军得以顺风火攻，曹操岂不是正可凭这连环战船平定江东？

刘　禅：是啊，这“连环计”若是使不好，可能会搬起石头砸了自己的脚啊。

诸葛亮：不错。战国末期，面对秦国咄咄逼人的攻势，韩国为求自保，便派水利专家郑国前往秦国，建议秦王嬴政在泾水和北洛水之间修建一条大型灌溉渠道，将人力、物力、财力用于水利工程上，使其疲惫的同时无暇东顾。在施工过程中，韩国的疲秦之谋败露，秦王大怒，要杀郑国。郑国却说：“始臣为间，然渠成亦秦之利也。臣为韩延数岁之命，而为秦建万世之功。"秦王深以为然，便放了郑国，让郑国继续修渠。后来水渠修成，关中的土地得到灌溉，秦国更加富强，为其攻灭六国打下了坚实的经济基础。韩国这一拙劣的疲秦之策，就如同"连环计"中只使了第一计，第二计没有及时跟上。韩国及东方五国没有抓住秦国全力修渠的时机举兵伐秦，或是改革图强增加国力，而是仅求一时苟安，任由秦国坐享第一计之利发展壮大，最终被秦国逐一灭掉。

刘　禅：说起来，秦王还真要感谢郑国呢。

诸葛亮：郑国渠修通后，关中变成了千里沃野，不但秦国凭此基础扫灭六国，我大汉高祖也是以关中为根本，打败项羽，一统天下。臣之所以坚持要出祁山，也是想夺取关中这一粮仓，作为进取的基地，否则我军若是靠蜀中千里运粮，势必难以久持。

刘　禅：相父之虑，甚是妥当。如您所言，使用"连

环计"要第二计紧跟第一计，那若要破解"连
环计"，是不是想办法斩断第一计与第二计
之间的连环就行了？

诸葛亮：陛下圣明。当年王允对董卓、吕布就使过"连
环计"，先是使出第一计"美人计"，让貂
蝉挑拨董卓、吕布的关系，后又使出第二计
"借刀杀人"，借吕布之手除掉了董卓。在
此过程中，李儒曾向董卓建议，将貂蝉赏赐
给吕布。若是董卓听从了李儒的建议，就斩
断了第一计与第二计之间的连环，王允送的
貂蝉，反倒巩固了董卓与吕布之间的关系。
但董卓为美色所迷，没有斩断连环，结果被
跟上来的第二计送了性命。

刘　禅：成败胜负之数，全在一念之间啊。

诸葛亮："连环计"所警示我们的，就是要把眼光放
得长远一些，考虑问题要从大局着眼，如果
眼前的小利背后隐藏着巨大的祸患，就应当
坚决不为小利所动，或者对隐藏的风险做好
相应的准备。正是因为眼光不同，格局不同，

秦王嬴政横扫六合，董卓却死于非命。

刘　禅：多谢相父教诲。

走为上

全师避敌。左次无咎，未失常也。

保全自身，避开强敌。正如《易经》师卦中所说的，知难而退，免遭咎害。当退则退，乃是用兵的常理。

刘　禅：相父，为什么说"走为上"，这是三十六计
　　　　中最高明的一计吗？

诸葛亮：当面对强大的敌人，肯定无法战胜时，摆在
　　　　我方面前的只有三条路：投降、媾和与撤退。
　　　　如果选择投降，就是把自己的身家性命拱手
　　　　交付给敌人，彻底沦为砧板上的鱼肉，此为
　　　　全败之局；如果选择媾和，就要被迫接受敌
　　　　人强加给我方的一系列条件，但我方仍能部
　　　　分保全，此为半败之局；而如果选择撤退，
　　　　我方战斗力尚在，一旦有机会，随时可以东
　　　　山再起，始终留有取胜的可能，此为未败之
　　　　局。在三条道路中，撤退对我方而言显然是
　　　　最有利的。故《孙子兵法》有云："少则能
　　　　逃之，不若则能避之。"意思是说，如果力
　　　　量不如对方，就要给自己留好退路，如果力
　　　　量相差悬殊，就要避免主力决战。

刘　禅：这一计说力量不如敌人时，要避战自保，但
　　　　历史上、兵法中又常有以少胜多之事，二者
　　　　是否矛盾？

诸葛亮： 用兵打仗的诀窍，归结起来就是多胜少、强胜弱、实胜虚，即便是总兵力不如敌人，但在直接交战的锋面上，如果我方能够集结的力量强于敌人，就能取得胜利。所谓的兵法、三十六计，就是教人们通过种种方式，增强交战锋面上的我方力量，削弱敌方力量，使我方的战斗力强于敌方，从而以强胜弱。需要注意的是，总的战斗力并不仅仅取决于军队的人数，还包括武器装备、军士士气及训练程度、主将的指挥能力、后勤保障、天时地利等，要综合起来计算。所谓的以少胜多，看上去获胜的一方在总兵力上比对方少，但综合各类因素并具体到交战锋面，实则兵力少的一方战力强。比如官渡之战、赤壁之战，看起来是以少胜多，但综合所有因素后，实际仍是以强胜弱、以实胜虚。而"走为上"之计则是强调，当综合考虑各种因素之后，我方战力远不如敌方，战则必败的情况下，就没有必要再和敌人拼斗了。

刘　禅：朕懂了。但是如果一味避战，怎么能战胜敌
　　　　人呢？

诸葛亮：“走为上”不是消极避战，而是在情况不利
　　　　于我方的情况下，暂时退却，保存实力，等
　　　　待合适时机再战胜敌人。当年曹操率大军南
　　　　下，先帝在火烧新野后，带所部及新野百姓
　　　　撤至樊城，曹操曾听从刘晔的建议，派徐庶
　　　　前来劝降，被先帝拒绝。之后先帝率军民一
　　　　路撤至江夏，尽管在撤退过程中历经艰险，
　　　　但后来与孙权组成联军，在赤壁之战中击败
　　　　了曹操，终于成就了鼎足之势。

刘　禅：朕就是在那次撤退中险些丧命的吧，要不是
　　　　子龙叔叔单骑救主，朕恐怕早就不在人世了。
　　　　相父，说句不该说的，朕有时也在想，父皇
　　　　当时为什么不投降曹操，他之前被吕布算计
　　　　时，不也曾栖身于曹操营中，曹操还曾给予
　　　　厚待，这样不就能保全一家人的性命了吗？
　　　　朕的母亲（糜夫人）也不会殉难。

诸葛亮：陛下说的是孩子话！且不说白起坑杀四十万

赵子龙单骑救主

赵国降卒、项羽坑杀二十万秦国降卒，就说近世吧。同样面对曹操，刘琮、蔡瑁率荆州军民不战而降，结果刘琮和其母蔡夫人在迁往青州途中，被曹操暗中派于禁截杀，蔡瑁、张允等因蒋干盗书之事被曹操所杀，归降的荆州水军也在赤壁之战中被杀死大半，这就是降曹的下场啊。先帝当年委身曹营之时，形势与后来赤壁之战前大不相同。彼时袁绍、袁术、吕布、孙策、马腾等群雄俱在，曹操尚需挟天子以令诸侯，先帝贵为汉室宗亲，更兼名满天下，曹操正待利用先帝的名望收揽人心、招抚四方，故而不会轻易加害。而赤壁之战前，曹操已基本统一北方，若是先帝投降曹操，孙权势单力孤，很快也会被曹操平定。收服刘、孙后，张鲁、刘璋之辈皆不足虑，江山一统只在旦夕之间，那曹操必定篡汉自立。先帝身为汉室宗亲，乃曹操必杀之人，届时覆巢之下，焉有完卵！因此，先帝选择暂时撤退、坚持抗曹，尚有一线之生机，选择降曹则必死无疑。

刘　禅：朕懵懂无知，请相父见谅。

诸葛亮：曹操大军逼近江东时，孙权也面临是战是降的抉择。当时一众文官都劝孙权投降，鲁肃则对孙权说："如肃等降操，当以肃还乡党，累官故不失州郡也；将军降操，欲安所归乎？位不过封侯，车不过一乘，骑不过一匹，从不过数人，岂得南面称孤哉？众人之意，各自为己，不可听也。"孙权深以为然，最终决定联刘抗曹。孙权非汉室宗亲，降曹后性命无虞、衣食无忧，尚不可降曹，更何况先帝。陛下要始终牢记，汉贼不两立，王业不偏安，望陛下秉承先帝遗志，再托臣以讨贼兴复之效，臣当六出祁山，竭力讨贼，克复中原，鞠躬尽瘁，死而后已，以报先帝和陛下厚恩。

刘　禅：相父……

尾声

就在诸葛亮为刘禅讲授完《三十六计》后不久，建兴十二年（234年）春二月，诸葛亮上表刘禅，再次北伐，六出祁山。临行前，嘱咐刘禅亲贤臣、远小人，时刻以重兴汉室为念，闲暇时多研读《申子》《韩非子》《管子》《六韬》《孙子兵法》《三十六计》等书，学习整军经国之道。

此次北伐，诸葛亮徐徐进兵，大兴屯田，以为长久之计，怎奈积劳成疾、天不假年，其年八月病逝于五丈原军中。临终前，诸葛亮将平生所学著述二十四篇、连弩制造之法，以及这部《三十六计》，皆传授与姜维。

诸葛亮逝世后，姜维继承诸葛亮遗志，九伐中原，依靠诸葛亮所授兵法和《三十六计》，打了不少胜仗，但终因魏蜀之间力量悬殊，在朝中又得不到有力的支持，每次皆无功而返，后因宦官黄皓等进谗言，为避祸而率军屯田沓中。而后主刘禅本是个耳软心活之人，诸葛亮在时，尚能听诸葛亮之言，谨守人君之道，常思复兴之事。诸葛亮死后，刘禅没了管束，又被宦官黄皓等人迷惑，渐渐溺于酒色，不理朝政，《三十六计》等书，早被束之高阁。

蜀汉炎兴元年、魏景元四年（263年），司马昭命钟会、邓艾领兵伐蜀。钟会将姜维困于剑阁，邓艾却偷度阴平小路，诸葛亮之子诸葛瞻、之孙诸葛尚力战身亡，邓军直抵成都城下。蜀汉君臣惊慌失措，刘禅接受光禄大夫谯周等人的建议，献城投降。魏军在成都城中和蜀汉皇宫中大肆焚掠，宫中所藏典籍大部被毁，所藏的《三十六计》也不知所踪。姜维无奈之下，诈降钟会，与钟会密谋造反，以期乘机复国，不料消息泄露，魏将卫瓘派兵围捕，钟会死于乱军之中，姜维亦自刎而死。至此，这部因机缘巧合，由刘宋穿越回蜀汉的《三十六计》，随姜维而绝。

蜀汉灭亡后，刘禅被司马昭迁至洛阳，封为安乐公。一日，司马昭设宴招待刘禅，为了试探刘禅是否有复蜀之心，司马昭命人演出蜀地的歌舞，观察刘禅的表现，并问刘禅道："颇思蜀否？"刘禅突然经此一问，猛然想起当年曹操与父皇青梅煮酒论英雄之事，知道司马昭在试探自己，心中狂跳不止。电光火石之间，刘禅隐约想起诸葛亮当年曾给自己讲过"假痴不癫"之计，告诉自己若身陷险境，可用此计自保，遂装傻回道："此间乐，不思蜀也。"司马昭感叹道："人之无情，乃至于此！虽使诸葛孔明在，亦不能辅之久全，何况姜维乎？"此后对刘禅再无加害之念。

当夜深人静之时，刘禅想起日间司马昭的试探，回想刘备对自己寄予的厚望，以及诸葛亮为自己讲解《三十六计》时的情景，不觉潸然泪下……

再读《出师表》

《出师表》是蜀相诸葛亮的传世名篇，作于蜀汉后主建兴五年（227年）诸葛亮一出祁山之前。在表中，诸葛亮以恳切委婉的言辞，劝勉后主刘禅要广开言路、严明赏罚、亲贤远佞，以此兴复汉室；同时也表达了自己鞠躬尽瘁、死而后已的情怀。这篇千古名表自出世以来，上至帝王将相，下至黔首黎庶，无不为之感动。直至今日，《出师表》因其积极意义和在中国传统文化中的重要地位，仍被收入中学课本，教育着每一名国人。近日重读《出师表》，感慨感动之余，又从中体味出了一番与学生时代不一样的感受。这篇千古名表的深意和深情，当年真没有读懂。

> 臣亮言：先帝创业未半而中道崩殂，今天下三分，益州疲弊，此诚危急存亡之秋也。然侍卫之臣不懈于内，忠志之士忘身于外者，盖追先帝之殊遇，欲报之于陛下也。诚宜开张圣听，以光先帝遗德，恢弘志士之气，不宜妄自菲薄，引喻失义，以塞忠谏之路也。

"先帝创业未半而中道崩殂，今天下三分，益州疲弊，此诚危急存亡之秋也"，首先分析了蜀汉当时所处的窘迫形势。一方面，自关羽失荆州以来，蜀汉政权遭受了一系列的失败和打击，不但失去了进取中原的大基地，隆中决策（命一上将将荆州之兵以向宛、洛，将军身率益州之众以出秦川）就此夭亡，而且夷陵惨败后，更使元气大伤；另一方面，刘备、关羽、张飞、黄忠、马超、法正、糜竺、孙乾、简雍、伊籍等蜀汉政权的老班底在章武（刘备年号）前后相继故去，刘禅继位后面临的是中央机构不健全、人才极为短缺的局面，与曹魏、东吴相比，处于极为不利的境地。因此诸葛亮说"此诚危急存亡之秋也"，为整篇《出师表》定了调子。若从传统君臣关系来看，《出师表》中其实有很多僭越之辞，但有了"危急存亡之秋"这个背景和基调，便为"非常之时，故为非常之策"提供了强有力的事实依据。

"然侍卫之臣不懈于内，忠志之士忘身于外者，盖追先帝之殊遇，欲报之于陛下也"，是提气的话。由于前一句话把形势描述的太严重，所以第二句话必须给人以信心和希望。诸葛亮告诉后主刘禅，虽然形势一时严峻，但侍卫之臣、忠志之士依然效忠于蜀汉政权。这些人是刘备选拔出来的，深受刘氏厚恩，正思进取以图报效，值得托付信任。除此之外，忠志之士并不仅仅指蜀汉政权内部的人，还包括所有心向汉室的人。大汉王朝毕竟传世四百余年，树大根深，曹丕代汉称帝后，很多仍然心向汉室的人便奉蜀汉为正朔，构成了蜀汉政权的潜在政治资本。一旦形势有变，这部分政治势力很容易举旗响应。例如，刘备屡战屡败，但其身后始终有一股拥刘势力助其东山再起。再如，关羽水淹七军、威震华夏，豫南鄂北的吏民立即纷纷背反曹操、投靠关羽，"自许（许昌）以南，百姓扰扰"，竟迫使曹操召开会议讨论是否要"徙许都以避其锐"。再如，诸葛亮初出祁山，安南、天水、安定三郡便"叛魏应亮，关中震响"。这说明，天下吏民对刘备和刘禅的"王师"还是有很高的认同度。正是因为如此，诸葛亮才有北伐中原，以一隅抗中国（指中原地区）的底气。

第三句是顺着第二句说的，提了气之后紧接着给刘禅个人提出建议，核心就是告诉刘禅要有自信。在这里诸葛亮要刘禅"不宜妄自菲薄，引喻失义"，那很有可能刘禅平时经常表现出对自己缺乏信心，也对蜀汉政权缺乏信心，打些不恰当的比方，说些不恰当的话。但作为一个帝王，如果失去了对自己和对政权的信心，是极其危险的。要是让底下的人一看，连皇帝都泄了气，那我们还替谁瞎忙活呢？

因此，诸葛亮告诉刘禅，大家拥护你，也都在看着你，所以你一方面要广开言路，鼓励大家提出建设性的意见，调动大家的积极性，另一方面要在众人面前展现出一种坚定而自信的形象，以凝聚人心，鼓舞士气。

宫中府中，俱为一体，陟罚臧否，不宜异同。若有作奸犯科及为忠善者，宜付有司论其刑赏，以昭陛下平明之理，不宜偏私，使内外异法也。侍中、侍郎郭攸之、费祎、董允等，此皆良实，志虑忠纯，是以先帝简拔以遗陛下。愚以为宫中之事，事无大小，悉以咨之，然后施行，必能裨补阙漏，有所广益。将军向宠，性行淑均，晓畅军事，试用于昔日，先帝称之曰"能"，是以众议举宠为督。愚以为营中之事，悉以咨之，必能使行阵和睦，优劣得所。

这一段话说了一大堆貌似不相干的人名，因而经常被人忽略，但实际上这段话才是整个《出师表》的核心和关键。诸葛亮亲自率兵北伐中原，不知何年何月才能回来，留下年青的刘禅该怎么办？该用哪些人辅佐他？如何避免刘禅受小人蛊惑，走上歧途？面对这些问题，诸葛亮从制度上和人事上专门作了安排。

在制度方面，诸葛亮提出"宫中府中，俱为一体，陟罚臧否，不宜异同"。其中，"宫"指的就是皇宫，"府"指的就是相府。诸葛亮要求刘禅不能由着自己的性子评价好恶、滥赏滥罚，而要参照相府的标准，无论内官（指宫内近侍之臣）还是外官（宫外百官，与内官相对），有功则赏，有过则罚，执行同样的制度，享受同样的待遇。这句话暗含的意思，是告诫刘禅处事要公平公正，不能过分宠信内官，重蹈汉桓帝、汉灵帝之覆辙。

在人事方面，诸葛亮向刘禅推荐了郭攸之、费祎、董允、向宠等人，让人读来颇感奇怪。从名望资历上说，郭攸之、费祎、董允，不如蒋琬、邓芝、杨仪，向宠更是远不如赵云、魏延，诸葛亮为什么要单点这几个人的名字？实际上，这几个人是诸葛亮北伐中原后，专门安排在宫中辅佐刘禅的人，其中郭攸之、费祎、董允担任的是侍中、侍郎，也就是刘禅的参谋班子、智囊团，向宠总督御林军马，负责保卫皇宫安全。而赵云、魏延、邓芝、杨仪等人，被诸葛亮带到了北伐战场上，蒋琬被留在了相府，负责处理相府日常事务。为了向刘禅解释为什么要对郭攸之等几人言听计从，诸葛亮不惜笔墨对他们大大夸奖了一番，并专门强调，这些人是刘备亲自选拔出来留给你的，所以你要特别尊重。

应当说，这一段写得非常霸道。作为一个臣子，直接替皇帝安排近臣，并要求皇帝对自己安排的人"事无大小，悉以咨之，然后施行"，显然有违传统的为臣之道。但诸葛亮和刘禅的关系比较特殊，刘禅尊称诸葛亮为"相父"，两人既是君臣，又是父子。这段话如果是理解成父亲对儿子的口气，就比较容易接受了，这就好比父亲临出门前嘱咐儿子："我出门了，你在家要守规矩，凡事要听你妈的。"另一方面，诸葛亮在《出师表》的第一句就写道"此诚危急存亡之秋也"，在这样的大背景下，"非常之时，故为非常之策"，为了蜀汉政权的大局，诸葛亮也不得不专断一些。否则刘禅这么一个经常"妄自菲薄"的人，没有主见，若是在诸葛亮北伐期间受了小人蛊惑，做出一些有碍兴汉大局的事情，就大大不妙了。不留下几个信得过的人帮衬着，实在不放心。

亲贤臣，远小人，此先汉所以兴隆也；亲小人，远贤臣，此后汉所以倾颓也。先帝在时，每与臣论此事，未尝不叹息痛恨于桓、灵也。侍中、尚书、长史、参军，此悉贞良死节之臣，愿陛下亲之信之，则汉室之隆，可计日而待也。

这一段是顺着上一段来的。一方面，从史实的角度，进一步论证上一段话的必要性和合理性。在这里，"贤臣"更多指的是外官，"小人"更多指的是内官，包括外戚和宦官。西汉初年、东汉初年的几位皇帝，正是信任、依靠外官，比如刘邦的创业团队、刘秀的创业团队，才有了建汉兴汉之伟业，而西汉末年、东汉末年，朝政均被外戚、宦官所把控，如王莽篡汉、何进为对付十常侍引董卓进京，才直接导致了汉室的倾颓。同时，再次把刘备拉上，说先帝"每与臣论此事，未尝不叹息痛恨于桓、灵也"。告诉刘禅，这些话是我说的，更是刘备说的，因此要亲近贤臣，不要过分宠信内官。

另一方面，诸葛亮在郭攸之、费祎、董允、向宠之外，又点了几个人，分别是尚书陈震、长史张裔、参军蒋琬。这些人虽然不是诸葛亮安排在刘禅身边的近臣，但也是同时留在成都的贞良死节之臣，诸葛亮告诉刘禅同样要尊重、依赖他们。最后，诸葛亮再一次给刘禅打气，只要陛下亲近贤臣，励精图治，兴汉大业并非是遥不可及的。

臣本布衣，躬耕于南阳，苟全性命于乱世，不求闻达于诸侯。先帝不以臣卑鄙，猥自枉屈，三顾臣于草庐之中，咨臣以当世之事，由是感激，遂许先帝以驱驰。后值倾覆，受任于败军之际，奉命于危难之间，尔来二十有一年矣。先帝知臣谨慎，故临崩寄臣以大事也。受命以来，夙夜忧叹，恐托付不效，以伤先帝之明，故五月渡泸，深入不毛。今南方已定，兵甲已足，当奖率三军，北定中原，庶竭驽钝，攘除奸凶，兴复汉室，还于旧都，此臣所以报先帝而忠陛下之职分也。至于斟酌损益，进尽忠言，则攸之、祎、允之任也。

这一段是诸葛亮在向刘禅和天下人剖白心迹，也是整篇《出师表》中，最深情、最感人、最为人称道的一段话。从传统君臣关系来看，表中前面的内容多有僭越犯上之词，未避免刘禅猜疑和世人非议，诸葛亮便用了一大段话解释自己为什么要这么做、这么说。

"臣本布衣，躬耕于南阳，苟全性命于乱世，不求闻达于诸侯"，表明自己毫无野心，出山完全是为报刘备三顾之德，并非为了功名利禄，否则自己完全可以去投奔曹操或孙权，而没有必要甘冒玉石俱焚的风险，襄助正处于"倾覆""败军""危难"之际的刘备。

"尔来二十有一年矣"，是指从建安十二年（207

年）刘备三顾茅庐至蜀汉建兴五年（227年），已经过了21个年头，这21年间，诸葛亮始终忠心耿耿地辅佐刘氏父子，从未相负。

"先帝知臣谨慎，故临崩寄臣以大事也"，一方面，是说自己现在的地位和权力都是刘备授予的，具有无可争议的执政合法性；另一方面，是说自己现在的内政外交策略，包括北伐中原的战略，也是刘备的既定方针，自己只不过是遵从刘备遗命行事。《后出师表》中进一步阐述了刘备的遗命："先帝虑汉贼不两立，王业不偏安，故托臣以讨贼也。"

"受命以来，夙夜忧叹，恐托付不效，以伤先帝之明"，既是写实之语，反映了诸葛亮受托孤重任以来，终日忧心国事，如履薄冰，唯恐托付不效的境况，同时以高妙的笔法强调，刘备的既定方略是完全正确的（先帝之明），如果方略没有实现，问题出在执行端，责任需要由负责执行的人，也就是我诸葛亮承担。

在阐明了北伐中原的理论基础后，诸葛亮又进一步阐明了北伐中原的现实基础。首先，南方孟获的叛乱已经平定，与东吴已经重新结盟，北伐没有后顾之忧；其次，蜀汉政权经过了一段时期的休养生息，人马物资已经齐备；最后，《出师表》中虽然没提，但很重要的一点是，这一年魏文帝曹丕新丧，曹睿刚刚继位，曹魏内部政局不稳，北伐面临难得时机。

"庶竭驽钝，攘除奸凶，兴复汉室，还于旧都"，既是蜀汉政权的最高理想，也是凝聚人心、鼓舞士气的誓师口号，是"汉贼不两立，王业不偏安"的另一种表述。现在读来，都能感觉到这句口号强大的动员力量。这既然是蜀汉政权的最高理想，因而也就是诸葛亮的最大职责所在，暗含的意思是，北伐必须由我亲自率兵出征。而郭攸之、费祎、董允等人最大的职责，就是在我不在朝期间，进尽忠言，辅佐好刘禅。这句话既是说给刘禅听的，也是说给郭攸之、费祎、董允等人听的。

　　愿陛下托臣以讨贼兴复之效，不效，则治臣之罪，以告先帝之灵。若无兴德之言，则责攸之、祎、允等之慢，以彰其咎。陛下亦宜自谋，以咨诹善道，察纳雅言，深追先帝遗诏。臣不胜受恩感激。今当远离，临表涕零，不知所言。

"愿陛下托臣以讨贼兴复之效"，是诸葛亮在向刘禅请命。诸葛亮虽然是蜀汉政权的实际操盘手，但刘禅毕竟是蜀汉皇帝，北伐这样的大事从名义上必须经过刘禅的允可。同时，这一句话的笔法也非常高妙，"讨贼兴复之效"是诸葛亮从刘禅那里"托"来的，也就是说，北伐如果成功，完全是刘禅的功劳，而如果不成功，则跟刘禅无关，完全是我诸葛亮的过错。这有点像我们说的客气话中的"托您的福"。

"若无兴德之言，则责攸之、祎、允等之慢，以彰其咎"，同样既是说给刘禅听的，也是说给郭攸之、费祎、董允等人听的，这实际上是给这几人上了个紧箍咒，要求他们必须担负起自己的责任，否则刘禅可以责怪他们不进忠言，等诸葛亮回来也要找他们算账。最后，诸葛亮再次像父亲一样恳切地劝告刘禅，要多学习历练，在善于听取好的意见的同时，还要有自己的主意，既遵从刘备的遗命，也要以刘备为榜样行事。

"今当远离，临表涕零，不知所言"，是让人读来颇为感慨心酸的一句话。诸葛亮当时已年近半百，体力精力日渐衰减，而身上是刘备托付的千钧重任，身前是前途未卜北伐之路，身后是个长不大的孩子似的刘禅，离别之际，必定是百感交集，有千言万语涌上心头，却又不知该如何说起。举目四顾，周围全是要依靠自己的人，而没有自己可以依靠的人。时隔千年，我都能感受到那股凄惶和孤独的气氛。

出师一表真名世，千载谁堪伯仲间。